<그리스도인이면 꼭 알아야 할 성경 지식>

고린도전서

제1권 육신적인 교회가 되지 말라
(1-7장)

서울솔로몬학교 성경연수원

차 례

이 책에 인용된 성경 구절은 〈한글킹제임스성경〉입니다.

제1과
"하나님의 어리석음" 대 "인간의 지혜"(1장)

『하나님의 지혜에 있어서는 세상이 그 지혜로 하나님을 알지 못하였기에 하나님께서 복음 전파의 어리석음으로 믿는 자들을 구원하시기를 기뻐하셨느니라』(고전 1:21).

육신적인 고린도 교회

"고린도 교회"는 세워진 지(A.D. 53,54년경, 행 18장) 4,5년 만에 "**육신적인 교회**"로 전락했다. 〈고린도전서〉를 기록했을 당시(A.D. 57-59년경) 제3차 선교 여행 중이었던 바울은 영적으로 미숙한 상태에 머물러 버린 고린도 교회 내의 갖가지 혼란과 다툼에 관하여 좋지 않은 소식을 접했다(11절). 생활은 풍요로웠지만 우상들과 이교도 신전들이 도처에 널려 있었고, 향락과 타락이 난무했던 고린도 지역, 바로 이곳에서 "복음 전파를 위한 중요한 전략적 요충지 역할"을 감당했어야 할 고린도 교회는 오히려 세상의 풍조에 휩쓸리고 말았다. 매우 씁쓸한 소식을 듣게 된 바울은 끓어오르는 연민과 안타까움 속에서 복음을 통해 그들을 낳은 "영적인 아버지"의 심정으로 권고하기 위해(고전 4:15,16) 이 서신을 보내게 된다.

육신적인 고린도 교회의 성도들은 "고기"를 먹고 소화시킬 능력이 없을 만큼 아직도 "젖"을 먹어야 하는 어린 아기들이었다(고전 3:1,2). 깨닫는 데도 어린아이 수준이어서 교리적인 영역뿐만 아니라 도덕적이고 영적인 영역에서도 온갖 육신적인 행태들이 드러나고 있었다. 교리적인 혼란이나 성도들 간의 분열과 다툼은 물론, 이방인들 가운데도 없는 근친상간의 죄까지 버젓이 행해졌고, 교회는 그 사실을 알았으면서도 제대로 해결하지 못한 채 그대로 방치해 버렸다. 또한 은사들을 자랑하면서 온갖 육신적인 냄새를 풍기기도 했다. **이에 바울은 그들의 그런 육신적인 행태와 분파 행위들에 대해 매우 준엄하게 책망하고 꾸짖었다.**

육신적인 모습에 대한 바울의 책망과 권면

육신적인 모습		바울의 책망과 권면
1-4장	분열과 다툼	■ 분열이 없게 하고, 같은 생각과 같은 판단으로 온전히 연합하라(1:10).
5장	부도덕한 행위들	■ 음행한 자들을 판단하고 징계하여 쫓아내라(5:13). 성도의 몸은 성령의 전이므로(6:19) 음행을 피하라(6:18).
6장	성도들 간의 소송 사건	■ 재판받기 위해 세상 법정으로 가져가지 말고 교회 안에서 해결하라(6:1).
7장	결혼과 이혼	■ 음행하지 않기 위해 결혼을 하고, 남편과 아내는 서로에게 합당한 애정을 주며(7:2,3), 서로를 버리지 말라(7:10,11). 세상의 일들에 얽매이지 말고 합당하게 처신함으로써 마음에 흐트러짐 없이 주님을 섬기라(7:33-35).
8-10장	우상에게 바친 제물을 먹는 문제	■ 우상 숭배를 피하라(10:14). 하나님께서는 한 분밖에 계시지 않으며(8:4), 우상이나(8:4) 우상에게 바쳐진 음식은 아무것도 아니기에 그 음식을 먹어도 그만, 안 먹어도 그만이다(8:8). 하지만 먹는 것이 형제들을 실족시킨다면 먹지 말라(8:13; 10:32).
11장	주의 만찬	■ 자신을 살펴보고 합당하게 주의 만찬에 참여해야 한다(11:27,28).
	무질서하게 행하는 여자들	■ 여자가 남자처럼 머리를 짧게 깎거나 민머리로 밀고 다니는 것은 하나님의 교회들 안에 없는 일이다(11:16).
12-14장	영적 은사와 방언에 관한 무질서	■ 최상의 은사들을 열망하되(12:31), 교회를 세우는 데 풍성하기를 구하라(14:12). 모든 일을 품위 있게 하고 질서 있게 하라(14:10).
15장	죽은 자들의 부활	■ 예수님께서 부활하시지 못했다면 우리의 믿음은 헛되고, 우리는 여전히 죄들 가운데 있는 것이 된다(15:17). 그리스도인이 바라는 것이 현 세상뿐이라면, 우리는 모든 사람 가운데서 가장 비참한 사람들이다(15:19).
16장	동역자들에 관한 소식과 여러 가지 권면들	

구원받은 그리스도인의 특징(1-9절)

〈고린도전서〉는 하나님의 뜻에 의해 사도로 부르심을 받은 "바울"(1절)이 고린도에 있는 "그리스도의 몸" 된 "하나님의 교회"(2절), 곧 "구원받은 그리스도인들"에게 보내는 첫 번째 서신이다. "구원받은 그리스도인"은 다음 "일곱 가지 특징"을 지니고 있다.

❶ 그리스도인은 "그리스도 예수 안에서 거룩하게" 되어 "성도"로 부르심을 받았다(2절). "주 예수 그리스도의 피"로 모든 죄가 완전히 제거되었고, "하나님의 영이신 성령"을 통해 거룩하게 되어 "그리스도의 몸" 안으로 들어온 사람인 것이다(고전 6:11).

❷ 그리스도인은 "주"이신 예수 그리스도의 이름을 부른다(2절). 이는 주 예수의 피를 통해 거룩하게 되었기 때문인데(고전 6:11), 성령님을 통하지 않고서는 아무나 함부로 예수 그리스도를 주라고 시인할 수 없고, 또 부를 수도 없다(고전 12:3).

❸ 그리스도인은 하나님 아버지와 예수 그리스도를 통해 주어지는 "은혜와 평강"을 누린다(3절).

❹ 그리스도인은 진리의 지식을 통해 "그리스도의 증거"가 그 안에 확고하게 자리 잡고 있는 사람이다(4-6절). "그리스도의 증거"가 확고하지 않으면, 죄인들 앞에서 담대하게 복음과 진리를 전할 수 없다. 그 증거를 확고하게 하기 위해서는 하나님의 말씀을 부지런히 읽고 묵상하고 공부해야 하며, 그 말씀을 있는 그대로 믿고, 믿은 대로 실행해야 한다.

❺ 그리스도인은 "주 예수 그리스도의 오심"을 기다린다(7절). 고린도 교회의 성도들처럼 『**아무 은사에도 부족함이 없이**』(7절) 예수 그리스도의 재림을 기다려야 하는 것이다.

❻ **그리스도인은 "구원을 영원히 보장받은" 사람이다**(8절). 예수 그리스도께서 우리 구원받은 성도들을 『**끝까지 확고하게 지키시어 우리 주 예수 그리스도의 날**[1]**에 책망할 것이 없게**』(8절) 하실 것이기 때문에, '구원을 잃어버릴까 봐' 혹은 '지옥에 갈까 봐' 염려하거나 불안해 할 필요가 없다.

❼ **그리스도인은 신실하신 하나님을 통해 "예수 그리스도의 교제 안"으로 부름을 받았다**(9절). 죄로 인해 "영원히 저주받았던 인간"이 예수 그리스도의 피를 통해 구원받고 하나님의 자녀가 되어 "영원하신 하나님"과 교제할 수 있게 되었다는 사실은 참으로 경이롭고 놀라운 일이다. 이 "신비로운 교제"는 성도들 안에 예수 그리스도께서 거하심으로써 가능하게 되었고(골 1:27), 그 "교제"는 성도들이 빛 가운데서 행할 때만 지속될 수 있다(요일 1:7).

분열과 다툼을 막는 방법(10-31절)

"고린도 교회"는 한마디로 말해 "육신적인 교회"였다. 육신적인 교회로서 여러 가지 문제들이 불거져 나왔는데, 그중 첫 번째로 사도 바울이 꾸짖고 책망하면서 바로잡아 준 문제는 "분열에 따른 다툼"이었다. 『**나의 형제들아, 클로에 집안의 사람들이 너희에 관하여 내게 전해 준 바로는 너희 가운데 다툼이 있다는 것이라**』(11절). 고린도전서 1-4장에서 그들의 "육신적인 분열과 다툼"을 책망했으며, 그 문제에 대한 해결책으로 "**같은 것을 말하고, 같은 생각과 같은 판단으로 온전히 연합할 것**"을 권면했다.

---

1) "주 예수 그리스도의 날"은 구원받은 그리스도인들에게만 해당하는 날로서, 예수 그리스도의 "공중 재림"인 "휴거"부터 시작하여 "그리스도의 심판석"과 "어린양의 혼인식"을 거쳐 "지상 재림"에 이르기까지 "셋째 하늘"에서 펼쳐지는 날을 의미한다.

1. 같은 생각과 같은 판단으로 온전히 함께 연합해야 한다(10-16절).

『형제들아, 이제 내가 우리 주 예수 그리스도의 이름으로 너희에게 권고하노니 너희 모두는 같은 것을 말하고 또 너희 가운데 분열이 없게 하여 같은 생각과 같은 판단으로 온전히 함께 연합하라』(10절).

교회의 분열과 다툼은 항상 예수 그리스도를 제쳐 두고 "**사람들(12절, 바울, 아폴로, 게바 등)을 앞세울 때**" 일어나기 때문에 결코 "사람들"을 따라 행해서는 안 된다. 교회 안의 "유명한 사람"(갈 2:2) 뒤에 줄을 서서 "분파나 계파, 노선 등"을 만들면 안 되는 것이다. 이를 위해서는 "**그리스도 예수 안에 있는 겸손한 생각**"으로 남을 자신들보다 존중하고, 각자 자기 일만 돌보지 말고 다른 지체들의 일도 돌아보아야 한다(빌 2:2-4). "자기 의"와 "자기만이 옳다는 식의 주장"을 모두 내려놓고 교만이나 고집, 아집, 완고함 등을 꺾어야 한다.

언젠가 나는 한 친구에게 이런 이야기를 한 적이 있었다. "존 R. 라이스, 밥 존스 시니어, 찰스 풀러, M.R. 디한, 엡스, 메이즈 잭슨, 해리 사이거, 로버트슨 같은 훌륭한 분들을 한 방에 모셔 놓고 문을 꼭 잠가 놓은 후 조금만 기다려 보면, 15분도 채 안 되어 방 안에는 유혈이 낭자해지고 문틈 밑으로 피가 흥건히 흘러나올 걸세." 그러자 그 친구는 "아무리 그래도 그렇기야 하겠는가? 그분들은 훌륭한 그리스도인들이 아닌가?" 하면서 내 말에 쉽게 수긍하려 들지 않았다. 이에 나는 이렇게 말했다. "자네는 그리스도인들에 대해 나만큼 잘 알지 못하네 그려." 하나님의 사람들은 어찌나 신념이 강하고 자기주장이 센지 다른 사람들과 사이좋게 지내기가 여간 어려운 게 아니다!(피터 S. 럭크만)

그리스도의 몸은 결코 쪼개지거나 나뉠 수 없으며(13절), 그리스도인들은 모두 "아버지와 아들과 성령의 이름"으로 침례받은 사람들이다(13-16절). 그들을 위해 십자가에서 죽으신 분은 "바울, 아폴로, 게바 등"이 아니라 오직 "예수 그리스도" 한 분뿐이시고(13절), 그들 모두는 그리스도의 몸 안으로 연합한 지체들이다. 특히 그들 모두는 "바울, 아폴로, 게바 등의 이름"이 아니라 "주의 이름"으로 침례를 받은 사람들이다. 따라서 교회 안의 모든 성도들은 『**화평의 띠 안에서 성령의 하나 됨을 지키도록 열심히 노력**』(엡 4:3)해야 한다.

2. 하나님의 지혜이신 예수 그리스도만을 전파하고 자랑해야 한다(17-31절).

> 『그러나 너희는 그분께로부터 나서 그리스도 예수 안에 있고 주께서는 하나님께로부터 나셔서 우리에게 지혜와 의와 거룩함과 구속이 되셨으니 기록된 바와 같이 자랑하는 자는 주를 자랑할지니라』(30,31절).
>
> 

그리스도인에게 주어진 "최우선의 임무"는 "침례를 주는 것"이 아니고, "**복음을 전파하는 일**"이다(17절, 행 20:24). 곧 하나님의 지혜이신 예수 그리스도만을 전파하고 자랑해야 하는데(31절), 이를 위해서는 "**십자가를 전파하는 사람**"이 되어야 한다(18절). 십자가를 전파한다는 것은 "십자가에 못 박히신 그리스도를 전파하는 것"을 의미한다(23절). 말하자면 우리의 죄로 인해 십자가에서 피 흘려 죽으신 예수 그리스도를 믿고 구원받으라는 메시지를 전파하는 것이다. 특히 십자가를 전파하는 것이 구원받은 그리스도인에게는 "**하나님의 능력**"이고(18절, 롬 1:16) "**하나님의 지혜**"이다(24절). 왜냐하면 그가 전파하는 그리스도, 곧 "십자가에 못 박히신 예수 그리스도"를 통해 영원한 불못으로 던져져야 할 죄인들이 구원을 받기 때문이다.

"십자가를 전파하는 일"은, "표적"은 구해도(22절) 도무지 표적을 믿지 않는 종교적이고 형식적이며 인간적인 의로 가득 찬 "유대인들"에게는 "거치는 것"이 된다(23절). **『어찌하여 그렇게 되었느냐? 이는 그들이 믿음으로 의를 구하지 아니하고 율법의 행위로 되는 것처럼 구하였기 때문이라. 그들이 그 걸려 넘어지게 하는 돌에 넘어진 것이라』**(롬 9:32). "율법"은 죄인들에게 그들이 죄인임을 알려 주기만 할 뿐, 그 죄인들을 의롭게 해 주지는 못한다. 그래서 "율법"은 유대인들이 결코 뛰어넘을 수 없는 "걸림돌"이 되어 버렸다.

반면에 "세상의 지혜"만 찾아다니는(22절) "헬라인들"에게는 "어리석은 것"이 된다(23절). 이는 세상의 지혜로는 결코 하나님을 알 수도 없고, 하나님의 지혜를 깨닫지도 못하기 때문이다. 결국 그들은 그들의 죄 문제를 해결할 수 있는 가장 쉬운 방법을 거부함으로써 지옥의 불길 가운데서 멸망하고 만다.

하나님께서는 "복음 전파의 어리석음"으로 믿는 자들을 구원하시기를 기뻐하셨는데(21절), 그렇게 하심으로써 세상에서 "지혜 있는 자들의 지혜"를 멸하셨고 "총명한 자들의 명철"을 없애셨다. **『내가 지혜 있는 자들의 지혜를 멸하고 총명한 자들의 명철을 없애리라』**(19절). 또한 세상 죄인들이 그토록 자랑스럽게 여기는 세상의 지혜를 "어리석게" 만드셨다(20절). 그러면서 이렇게 도전하신다. "과연 이 땅에 지혜 있는 자가 어디 있는가? 이 세상의 변론가가 어디 있는가? 나와 볼 테면 한 번 나와 보라!" **『그분 앞에 모든 민족들은 아무것도 아닌 것 같고, 그 민족들이 그에게는 아무것도 아닌 것, 곧 헛것보다 못하게 여겨지느니라』**(사 40:17).

세상의 지혜를 자랑했던 자들의 종착지는 오직 "지옥의 멸망"이다. "하나님의 어리석음"은 사람들보다 더 지혜롭고 "하나님의 연약함"은 사람들보다 더 강하다(25절). 그래서 "부르심을 받은 자들" 중에는 육신을 따라 지혜로운 자가 많지 않고, 권력 있는 자도, 좋은 가문에서 태어난 자도 많지 않다(26절). 하나님께서는 세상의 어리석은 것들과 약한 것들을 선택하심으로써 세상의 "지혜로운 자들"과 "강한 것들"을 부끄럽게 만드시고(27절) 쓸모없게까지 만들어 버리셨다(28,29절).

구원받은 성도는 "사람들"을 앞세우면서 헛된 자랑을 늘어놓아서는 안 된다. 자랑할 일이 있다면 오직 "주님만을 자랑해야" 한다(31절). 왜냐하면 그리스도께서는 성도들에게 "지혜"와 "의"와 "거룩함"과 "구속"이 되셨기 때문이다(30절). 『**주가 이같이 말하노니 현명한 자는 자기 지혜를 자랑하지 말며 용사는 자기 힘을 자랑하지 말고 부자는 자기의 부를 자랑하지 말라. 그러나 자랑하는 자는 이것을 자랑할지니 그가 깨달아 나를 알아서 내가 이 땅에서 자애와 공의와 의를 행사하는 주임을 아는 것이라. 이는 내가 이 일들을 기뻐함이라. 주가 말하노라**』(렘 9:23,24). 이렇게만 된다면 모든 육신적인 분열과 다툼은 사라지고 오직 주 하나님만이 드높여지게 될 것이다.

■ 새롭게 깨달았거나 적용할 내용이 있다면 적어 보세요. ■

NOTES

제2과

영적인 사람은 누구인가?(2장)

『영적인 사람은 모든 것들을 판단하나 자신은 아무에게도 판단을 받지 아니하느니라』(고전 2:15).

하나님의 증거를 전하는 성도의 자세

『형제들아, 내가 너희에게 와서 하나님의 증거를 전할 때에 말과 지혜의 탁월함으로 하지 아니하였노라. 이는 내가 예수 그리스도와 그의 십자가에 못박히심 외에는 너희 가운데서 아무것도 알지 아니하기로 작정하였음이라』(1,2절).

성도가 성경을 배울 때에는 강사의 말과 지혜의 탁월함에 관심을 두어서는 안 된다. 다만 성경이 무엇이라고 말씀하는지 거기에만 관심을 갖고 있어야 한다. 사람이 아무리 그럴듯한 말을 하더라도 성경이 말씀하고 있는 바를 성도 스스로가 손에 넣어야 한다(1절). 하나님께서는 그분의 증거를 전할 때 언변에 있어서 서툰 바울을 들어쓰셨다. 『**예수 그리스도와 그의 십자가에 못박히심**』을 전하는 데에는 달변이 요구되지 않는다. 그러나 바울은 언변은 서툴렀어도 지식에 있어서는 그렇지 않았다(고후 11:6). 복음과 성경의 진리를 전하려면 그 두 가지에 대한 올바른 지식이 있어야 한다. 말하자면 회중에게 성경의 지식을 전달할 때에는 유창한 언변이 오히려 방해가 된다. 설교나 강의에 어려운 단어를 쓰면 회중을 망치게 된다. 회중의 관심을 인간 자신에게 쏠리게 하기 때문이다. 이것이 곧 회중을 우상 숭배에 빠뜨리게 하는 길이다. 회중은 "쉬운 말"을 원한다. 쉬울수록 더 잘 경청한다. 성령과 능력을 나타내는 데에는 인간의 지혜가 필요 없다. "인간의 말과 인간의 지혜로 하는 것은 정치인들을 설득하고 국민들을 설득해서 자신의 생각이나 자신이 미는 사람을 지지해 달라고 꾀일 때나 써먹는 수단이다. 하나님의 증거를 전할 때에 이런 수단을 써먹는 사람들은 하나님과 성경 대신에 자신들에게 사람들의 관심이 쏠리도록 하는 자들이다." (피터 럭크만)

성경은 『**정중한 말과 그럴듯한 언변으로 순진한 사람들의 마음을 미혹**』하는 자들을 경계하라고 말씀한다(롬 16:18). 그런 자들은 『**우리 주 예수 그리스도를 섬기는 것이 아니라 자기들의 배를 섬기는**』 자들이기 때문이다(롬 16:18). 바울은 『**예수 그리스도와 그의 십자가에 못박히심**』 이 두 가지만을 알고 또 전하고자 했다. 여기에 인간의 지혜에서 나온 그럴듯한 언변을 가미하는 것은 인간 자신에게 관심을 끌고자 하는 "수작" 외에 아무것도 아니다. 『**그러나 나에게는 우리 주 예수 그리스도의 십자가 외에는 결코 자랑할 것이 없나니 그로 인하여 세상이 나에게 십자가에 못박히고 나도 세상에게 그러하니라**』(갈 6:14). 『**실로 모든 것을 손실로 여김은 그리스도 예수 나의 주를 아는 지식이 가장 고상하기 때문이며 내가 그를 위하여 모든 것을 잃어버리고 그것들을 오히려 배설물로 여김은 그리스도를 얻기 위함이요**』(빌 3:8).

『내가 너희와 함께 있을 때에 연약함과 두려움과 심한 떨림 가운데 있었노라. 또 내 말과 내 설교를 설득력 있는 인간의 지혜의 말로 하지 않고 성령과 능력을 나타냄으로 하였으니 이는 너희의 믿음이 인간의 지혜에 있게 하지 아니하고 하나님의 능력에 있게 하려 함이라』(3-5절).

바울은 신체적 『**연약함**』에 있었지만 그렇다고 "겁보"는 아니었다(행 20:24). 바울이 『**두려움과 심한 떨림 가운데**』 있었던 것은 그의 복음 전파가 인간의 지혜로 이루어져서 사람들이 구원받지 못할까봐 그랬던 것이다. 무엇보다 하나님께서 그런 자신을 사용하시지 않을까봐 그러했던 것이다. 그래서 그는 그의 말과 그의 설교를 『**설득력 있는 인간의 지혜의 말로 하지 않고 성령과 능력을 나타냄으로**』 하기 위해 노력했고, 그리하여 그의 말을 들은 사람들의 믿음이 인간의 지혜가 아닌 하나님의 능력에 있게 하려고 했다(5절). 능력의 탁월함은 바울 안에 계신 하나님께 있었다(고후 4:7). 바울에게는 자신이 잘못하면 사역에서 버림당할 것이라는 두려움이 있었다(<u>고전 9:27</u>).

온전한 자들의 지혜

『그러나 우리가 온전한 자들 가운데서 지혜를 말하노니』(6절).

『**온전한 자들**』은 결코 "죄 없는 자들"이란 뜻이 아니라 빌립보서 3장의 『온전한 사람들』을 말한다. 『**그러므로 누구든지 <u>온전한 사람들은 이같이 생각할지니라</u>. 만일 너희가 어떤 일에 다르게 생각하면 하나님께서는 이것도 너희에게 계시해 주실 것이라**』(빌 3:15). 『**온전한 자들**』은 기본적으로 『**생각**』이 다른 사람들이다. 성도는 『**생각**』을 통해 참으로 많은 일을 하고 많은 변화를 일굴 수 있다. 마음의 『**생각**』은 성도가 치르는 영적 전쟁의 중심에 있다(롬 12:2,3. 고후 10:3-6). "생각이 바뀌면 사람이 바뀐다."

『**온전한 자들**』은 육신을 신뢰하지 않고(빌 3:3,4) 그리스도를 얻기 위해 다른 모든 것을 손실로 여기는 사람이며(빌 3:7,8) 어떻게 해서든 죽은 자들의 부활에 이르기 위해 그것을 붙잡으려고 좇아가는 사람이다(빌 3:10-12). 즉 뒤에 있는 것들은 잊어버리고 앞에 있는 것들에 손을 뻗쳐 오직 『**그리스도 예수 안에서 하나님의 고귀한 부르심의 상을 위하여 그 푯대를 향해 좇아**』가는 사람인 것이다(빌 3:13,14).

<u>하나님의 부르심은 고귀하며 그 일의 끝에는 "상"이 있다(고전 3:14)</u>. 그러나 부르심을 받았다고 무조건 상이 있는 것이

아니라 바울처럼 상에 대한 열망을 품고서 "앞만 바라보고" 좇아가야 상을 받게 된다. cf. 딤후 4:7,8

결과적으로 **『온전한 자들』**은 십자가의 원수들로 행하지 않으면 먹고살기 위해서 자기 배를 위해 하나님을 섬기지 않는다(빌 3:18,19). **『온전한 자들』**의 시민권은 하늘에 있기 때문에 하늘로부터 오실 주 예수 그리스도를 기다린다(빌 3:20). 우리가 그렇게 믿고 살아야 할 이유는 우리의 천한 몸이 예수 그리스도의 온전한 몸처럼 변모되어(빌 3:21) 결국 영과 혼과 몸 모두가 온전해질 것이기 때문이다. 온전해질 사람들은 온전하게 살려고 경주하는 법이다.

『그러나 우리가 온전한 자들 가운데서 지혜를 말하노니 이는 이 세상의 지혜도 아니요, 무로 돌아갈 이 세상 통치자들의 지혜도 아니니라. 다만 우리가 신비 속에 있는 하나님의 지혜를 말하노니 이는 하나님께서 세상 전에 우리의 영광을 위하여 미리 정하신 감추어진 지혜니라. 이 지혜는 이 세상의 통치자들 가운데서는 아무도 몰랐노라. 만일 그들이 알았더라면 영광의 주를 십자가에 못박지는 아니하였으리라』(6-8절).

사도 바울은 1장과 2장에서 "지혜"에 집중하며(1:19,20,21,22,24,25,26,27,30, 2:1,4,5,6,7,8,13), 거기서 하나님의 지혜와 인간의 지혜를 대조한다. 결론은 인간의 지혜로는 하나님의 지혜를 알 수 없다는 것이다(2:6-8). 인간의 지혜를 자랑하던 이 세상 통치자들이 **『영광의 주』**이신 예수 그리스도를 십자가에 처형한 것은 그들의 지혜로는 **『하나님께서 세상 전에 우리의 영광을 위하여 미리 정하신 감추어진 지혜』**를 알 수 없었기 때문이다. **『영생의 소망 안에서 주어진 것으로, 이 영생의 소망은 거짓말하실 수 없는 하나님께서 세상이 시작되기 이전**

에 약속하셨다가 때가 되어 그의 말씀을 복음 전파를 통해 나타내셨는데, 이 일은 우리 구주 하나님의 명령에 따라 내게 맡겨진 것이라』(딛 1:2,3). 영생의 소망은 신격의 두 번째 위격이신 분께 『**세상이 시작되기 이전에**』 주어진 약속이며, 이는 예수 그리스도께서 죄인들을 위해 죽으실 경우 부활하시어 "한 사람"으로서 『**영생**』을 받으실 것을 아버지께서 그분께 약속하셨다는 뜻이다. 예수 그리스도를 십자가에 처형한 자들은 이 『**미리 정하신 감추어진 지혜**』를 알지 못했다. 그들은 예수 그리스도께서 하나님으로서 지니셨던 영광을 알지 못했다(『**영광의 주**』). 『**이제 형제들아, 너희가 너희 관원들이 그리한 것과 마찬가지로 무지하여 그렇게 행한 줄을 내가 아노라**』(행 3:17). 『**아버지시여, 저들을 용서해 주옵소서. 그들은 자기들이 하는 것을 알지 못하나이다**』(눅 23:34).

초림 당시 세상의 지혜는 철학자들의 지혜였으며[철학 = philosophy(지혜에 대한 사랑)], 예수님께서는 그것을 "도둑들과 강도들의 지혜"라고 하셨다. 『**내 앞에 온 자는 다 도둑들이요 강도들이라. 양들이 그들을 듣지 아니하였느니라**』(요 10:8). 이 도둑들과 강도들의 지혜는 누군가를 죽이고 멸망시키는 지혜이다[『**도둑은 오직 도둑질하고 죽이며 멸망시키려고 오지만**』(요 10:10)]. 따라서 생명을 얻기 위해서는 생명을 주는 지혜이신 주 예수 그리스도를 소유해야 한다[『**내가 온 것은 양들로 생명을 얻고 더 풍성히 얻게 하려 함이라**』(요 10:10), 『**주께서는 하나님께로부터 나셔서 우리에게 지혜와 의와 거룩함과 구속이 되셨으니**』(고전 1:30)].

■ 새롭게 깨달았거나 적용할 내용이 있다면 적어 보세요. ■

영적인 사람은 어떤 사람인가?

『그러나 기록된 바와 같으니 "하나님께서 자기를 사랑하는 자들을 위하여 예비하신 것들은 눈으로 보지도 못하였고 귀로 듣지도 못하였으며 인간의 마음속에 들어온 적도 없었느니라." 한 것이라. 그러나 하나님께서 이것들을 우리에게 그의 영으로 나타내셨으니 이는 성령께서는 모든 것, 심지어 하나님의 깊은 것들까지도 통찰하시기 때문이라』(9,10절).

하나님께서는 그분을 사랑하는 자들을 위하여 무언가를 예비해 두는 분이시다. 그분을 사랑하는 자들을 위해서는 특히 초자연적인 몸(롬 8:28,29)을 예비해 두셨는데, 거듭나지 않은 자연인이 이 점을 아는 것은 불가능하다. 하나님께서 그 초자연적인 몸을 소유한 그리스도인들이 살게 될, 금으로 된 길과 보석으로 단장된 새 예루살렘을 예비해 놓으셨다는(계 21장, 22:1-6) 사실을 자연인은 결코 알 수가 없다. 죄도, 고통도, 아픔도, 눈물도, 죽음도 없는 도성이 예비되어 있고, 주 예수 그리스도의 임재하심 가운데 충만한 기쁨만이 넘치는 영원한 집이 있다는 사실을 깨달을 수 없다.

그러나 우리 그리스도인들에게는 하나님의 영이신 성령님을 통해서 그 모든 것을 나타내셨다. 성령님께는 하나님의 깊은 것들까지도 통찰하시는 지혜가 있으시다. 하나님의 일은 하나님의 영만이 아신다(11절). 그렇기에 성령님께 조명을 받아야만 성경의 진리를 깨달을 수 있다. **『그러나 위로자이신 성령을 아버지께서 내 이름으로 보내시리니, 그가 너희에게 모든 것들을 가르치시며 또 내가 너희에게 말한 모든 것들을 기억나게 하시리라』**(요 14:26, cf. 요일 2:20,27).

『사람의 일을 그 사람 안에 있는 사람의 영이 아니면 누가 알리요? 이와 같이 하나님의 일도 하나님의 영이 아니면 아무도 모르느니라. 우리가 세상의 영을 받지 아니하고 오직 하나님께로부터 온 영을 받았으니 이는 우리로 하나님께서 우리에게 값없이 주신 것들을 알게 하려 하심이라. 또한 우리가 그것들을 말하되 인간의 지혜가 가르치는 말로 하지 아니하고 성령께서 가르치시는 말[성경]로 하나니 영적인 일들[성경에 기록된 일들, 즉 말씀들]을 영적으로 비교하여 말하느니라[cf. 상호 참조 구절]. 그러나 자연인은 하나님의 영의 일들[말씀들]을 받아들이지 아니하나니 이는 그 일들이 그 사람에게는 어리석게 여겨지기 때문이요, 또 알 수도 없나니 이는 그 일들이 영적으로만이 분별되기 때문이니라. 영적인 사람은 모든 것들을 판단하나 자신은 아무에게도 판단을 받지 아니하느니라. 누가 주의 생각을 알았다고 주를 가르치겠느냐? 그러나 우리는 그리스도의 생각을 가졌느니라』(11-16절).

1장과 2장의 문맥을 종합해 보면, 이 세상의 지혜 있는 자와 학자와 변론가와 통치자들이 깨닫지 못했고(1:20), 또 유대인들과 헬라인들이 거부했던 "십자가의 지혜"를(1:23,24) 깨달았다는 것은 "영적인 사람"이 되기 위한 토대가 마련된 것임을 알 수가 있다. 이 세상에는 영적인 소, 영적인 개, 영적인 고양이는 없다. 영적인 "사람"만 있을 뿐이다. 그러나 "영적인 사람"은 아무나 되는 것이 아니다.

우리가 하나님께로부터 온 영을 받았다는 것은 『**하나님께서 우리에게 값없이 주신 것들**』을 알 수 있는 기초가 놓인 것일 뿐이다. 모든 그리스도인은 성령님을 소유했다. 성령님을 소유한 성도가 『**영적인 사람**』이라고 불리려면 한 가지 반드시 추구해야 할 것이 있다. 즉 하나님의 말씀들을 서로 비교하여 진리를 말할 수 있는 역량을 갖추는 것이다. 『**또한 우리가 그것들을 말하되 인간의 지혜가 가르치는 말로 하지 아니하고 성령께서 가르치시는 말로 하나니 영적인 일들을 영적으로 비교하여 말하느니라**』(13절). 이러한 일을 할 수 있는 영적인 사람은 말씀과 말씀을 서로 비교하여 말하기 때문에 그의 생각은 곧 『**주의 생각**』이 된다. 따라서 그의 판단은 곧 주의 판단이 되기에 아무도 그를 역으로 가르치거나 판단할 수 없게 된다. 『**누가 주의 생각을 알았다고 주를 가르치겠느냐? 그러나 우리는 그리스도의 생각을 가졌느니라**』(16절). 말하자면 영적인 사람을 판단하고 가르치려 드는 사람은 하나님을 판단하고 가르치려 드는 것과 같게 되는 것이다. 거듭난 그리스도인이 영적인 사람이 되려면 기본적으로 〈한글킹제임스성경〉을 올바로 나누어 공부하여 온전한 지식을 얻어야 한다(딤후 2:15). 그러한 과정에서 구절과 구절을 비교하여 말하는 법을 터득한다면 그 성도도 "영적인 사람"이라고 불릴 수 있게 된다.

■ 새롭게 깨달았거나 적용할 내용이 있다면 적어 보세요. ■

NOTES

제3과

그리스도의 심판석을 대비하라(3장)

『내게 주신 하나님의 은혜에 따라 내가 현명한 건축가와 같이 기초를 놓았더니 다른 사람이 그 위에 지으니라. 그러나 각 사람은 그 위에다 어떻게 지을지 주의해야 할 것이라』(고전 3:10).

육신적인 고린도 교회 사람들

『형제들아, 내가 너희에게 영적인 사람을 대하는 것처럼 말할 수 없어서 육신적인 사람, 즉 그리스도 안에서 어린 아기들을 대함과 같이 하노라. 내가 너희를 젖으로 먹이고 고기로 먹이지 아니하였으니 이는 너희가 지금까지 소화시킬 수 없었음이요, 아직도 그러하니라. 너희는 여전히 육신적인 사람이라. 너희 가운데 시기와 다툼과 분열이 있으니 어찌 너희가 육신적이 아니며 사람을 따라 행하는 자가 아니리요? 어떤 사람은 말하기를 "나는 바울에게 속한다." 하고 또 다른 사람은 "나는 아폴로에게 속한다." 하니 너희가 육신적이 아니냐?』(1-4절)

2장을 "영적인 사람"에 관한 이야기로 끝마친 바울은, 이어지는 3장을 그 영적인 사람과 대조되는 "육신적인 사람"에 관한 말씀으로 시작한다. 육신적인 사람은 2:14의 거듭나지 못한 "자연인"과는 다른 부류로서, 『**그리스도 안에서 어린 아기들**』, 곧 거듭났지만 영적으로 성장하지 못해서 육신적인 문제를 일으키는 그리스도인들을 뜻한다. 즉 성경은 사람을 자연인, 육신적인 사람, 영적인 사람으로 분류하고 있는 것이다.

성도의 영적 성숙도는 주님을 얼마나 오래 믿어 왔느냐와는 무관하다. 그가 영적 어린 아기인가 장성한 사람인가는, 그가 하나님의 말씀에 얼마나 많은 시간과 노력을 투자했고, 또 그로 인해 그리스도인으로서의 인격을 얼마나 높게 함양해 왔느냐에 달려 있다. 『**젖을 사용하는 자는 누구나 의의 말씀에 능숙하지 못하나니, 이는 그가 아기이기 때문이요 단단한 음식은 장성한 사람들의 것이니, 그들은 그 말씀을 사용함으로 감각들을 단련하여 선악을 분별하는 사람들이라**』(히 5:13,14). 『**그러므로 모든 악의와 모든 속임수와 위선과 시기와 온**

갖 비방하는 말을 버리고 갓난 아기들로서 순수한 말씀의 젖을 사모하라. 이는 너희가 그것으로 인하여 자라게 하려 함이니라』(벧전 2:2). 육신적인 사람의 특징은 첫째, 고기(단단한 음식)가 되는 말씀을 소화시킬 수 없다는 것이고, 둘째, 시기와 다툼과 분열을 일삼는다는 것이다(2-4절). 이 점은 위의 베드로전서 2:2에서도 엿보이는데, 그들이 악의와 속임수, 위선, 시기, 비방을 일삼는 것은 그들이 영적 아기일 때부터 순수한 말씀의 젖을 "사모하여" 먹으면서 성장하기를 거부했기 때문이다. 그리스도인이라면 자신을 구원에 주신 예수 그리스도에 관한 말씀들에 열정이 있어야 하는데도 그는 성경 공부에(딤후 2:15) 몹시도 게을렀던 것이다. 따라서 질긴 고기와 같은 어려운 말씀들을 소화시키지 못함은 물론, 지역 교회 내에서 시기와 다툼과 분열과 같은 육신적인 문제들을 곧잘 일으키는 것이다.

육신적인 사람은 특히 "사람을 자랑하는" 경향이 있으며(1:12; 3:4,21), 이것이 전적으로 "교만" 때문이라고 바울은 규정하고 있다(4:6). 말하자면 육신적인 사람의 특징인 시기와 다툼과 분열이 모두 교만에서 비롯되는 일이라는 것이다. 교만한 그리스도인들이 있는 지역 교회는 "바람 잘 날이 없게" 된다. 『**이는 시기와 다툼이 있는 곳에는 혼란과 온갖 악한 일이 있기 때문이라**』(약 3:16).

자기의 수고에 따라 상을 받는 일꾼들

『그러면 바울은 누구이며 또 아폴로는 누구냐? 주께서 모든 사람에게 주신 대로 그들에 의하여 너희가 믿게 된 일꾼들이 아니냐? 나는 심었고 아폴로는 물을 주었으나 하나님께서는 자라게 하셨느니라. 그러므로 심는 자나 물 주는 자는 아무것도 아니지만 오직

자라게 하시는 분은 하나님뿐이시니라. 이제 심는 자와 물 주는 자는 하나니라. 그러나 각 사람은 자기의 수고에 따라 자기의 상을 받을 것이니라』(5-8절).

고린도 교회 사람들은 바울과 아폴로의 편을 들어서 두 사람을 비교하며 자기가 누구에게 소속되었는가를 자랑했다. 그런 그들에게 던진 바울의 질문은 『**그러면 바울은 누구이며 또 아폴로는 누구냐?**』였다. 즉 그들이 누구인가를 알라는 것인데, 그들이 누구인가? 그들은 『**주께서 모든 사람에게 주신 대로 그들에 의하여 너희가 믿게 된 일꾼들이 아니냐?**』라는 것이다. 바울과 아폴로는 주님께서 성도들에게 "주신" 일꾼들이다. 농사로 치면 바울은 『**하나님의 경작지**』에 심는 사람이고, 아폴로는 물을 주는 사람에 불과하다는 것이다. 그 사람은 하나님께서 그분의 경작지에 투입한 일꾼에 불과하다. 그들은 자기가 맡은 일에 수고할 뿐인 농부에 불과하며(『**심는 자나 물 주는 자는 아무것도 아니지만**』), 농작물을 자라게 하시는 분은 하나님이시므로, 정말로 중요한 분은 "하나님"이시라는 것이다. 왜냐하면 아무리 심고 물을 줘도 하나님께서 "햇빛"을 주시지 않으면 작물은 시들해져서 정상적으로 자랄 수 없기 때문이다(『**오직 자라게 하시는 분은 하나님뿐이시니라.**』). 두 사람은 다만 밭에서 수고하는 "부름받은 농부"에 불과할 뿐 아무것도 아닌 것이다.

『이제 심는 자와 물 주는 자는 하나니라.』라는 말씀은 바울과 아폴로가 그리스도의 몸 안에서 하나라는 뜻이다. 바울과 아폴로는 그리스도의 몸의 지체들이며(고전 12:12-30), 그 몸 안에서 각자의 은사에 따라 고유의 기능과 임무를 수행해 나가는 일꾼에 불과하다. 예수 그리스도께서 십자가에 달리시기 전에 하신 기도가 무엇인가? 『이는 그

들 모두가 하나 되게 함이오니, 아버지시여, 아버지께서 내 안에 계시고 내가 아버지 안에 있는 것같이 그들도 우리 안에서 하나가 되게 하여서 세상으로 하여금 아버지께서 나를 보내신 것을 믿게 하여 주옵소서』(요 17:21). 바울과 아폴로뿐만 아니라 모든 그리스도인이 "함께" 일하는 일꾼들이다. 이 일꾼들은 각자 개성이 다르고 능력이 다르고 서로 다른 환경과 여건에 놓여 있지만, 모두가 한 가지 복음과 동일한 예수 그리스도를 전파한다. "중요한 것은 이 일꾼들이 어떤 말씀을 전파하고 증거하느냐이지, 말씀을 증거하고 전파하는 그 일꾼들이 누구냐가 아니다"(피터 럭크만). 하나님께서 그 도구들을 사용하셔서 어떤 일들을 하고 계신가가 중요하지 그 일꾼이 누구인가가 중요한 것이 아니라는 얘기이다. "사람을 보지 말고 일을 보라." 그러면 일꾼들을 가운데 놓고서 분열과 분파가 있을 수 없다.

일꾼 각 사람은 **『자기의 수고에 따라 자기의 상을 받』**게 된다(8절). 남의 일에 기웃거릴 여력이 없다. 다만 자기에게 맡겨진 임무에 충실하다면 그 사람은 자기의 수고에 따라서 상을 받게 된다. 이 상은 그리스도인들 각자가 이 땅에서 어떤 삶을 살았는가에 대한 하나님의 평가에 따라 내려지는 상이다. 모든 그리스도인들은 셋째 하늘에서 그리스도의 심판석 앞에 서게 되는데(롬 14:10), 거기에 서서 각자 자신이 그리스도인으로서 어떻게 살았는지에 대해 하나님께 직접 설명을 드려야 한다(롬 14:12).

■ 새롭게 깨달았거나 적용할 내용이 있다면 적어 보세요. ■

그리스도의 심판석을 대비하라

『우리는 하나님과 함께 일하는 동역자들이라. 너희는 하나님의 경작지요, 하나님의 건축물이라. 내게 주신 하나님의 은혜에 따라 내가 현명한 건축가와 같이 기초를 닦았더니 다른 사람이 그 위에 지으니라. 그러나 각 사람은 그 위에다 어떻게 지을지 주의해야 할 것이라』(9,10절).

바울은 자신과 아폴로가 『**하나님과 함께 일하는 동역자들**』이라고 했지만, 사실 모든 그리스도인이 하나님과 함께 일하는 동역자들이 될 수 있다. 그들도 하나님의 일들을 한다면 그렇게 불릴 수 있다.

씨를 뿌려 놓고 물을 주지 않는 농부는 없는 것 같다. 하지만 기초를 깔아놓고 그 위에 "부실 공사"를 하는 건축가는 많다. 농부와 건축가에는 분명한 차이점이 있다. 바울은 자산을 "현명한 건축가"에 비유하는데, 그가 깔아놓은 기초(예수 그리스도, 11절) 위에 지어가는 일꾼들에게 경고하고 있다. 즉 각 사람은 그 위에다 어떻게 지을지를 주의해야 한다는 것이다. 집을 짓는 데에는 목수들이 필요하며, 그들 중에는 기둥이나 대들보를 깎고 다듬는 대목이 있고, 문짝을 짜는 소목이 있다. 그 모든 일을 감독하는 목장도 있는데 "현명한 건축가"란 바로 이 목장을 말한다. 목장은 집을 지을 때 가장 중요한 기초를 놓는 일에 직접 나서서 일하는데, 이 "현명한 건축가"가 기초를 놓으면 다른 일꾼들이 그 기초 위에 집을 지어 올라간다. 목장(바울)이 닦아 놓은 기초(예수 그리스도) 위에 다른 목수들이 집을 지어 올라갈 때 하나하나 세심한 주의를 기울여서 정성껏 지어야 한다는 것이 바울의 가르침이다. 바울의 가르침을 소홀히 여긴다면 "부실 공사"를 하게 될 것이다.

『이 닦아 놓은 기초 외에 아무도 다른 기초를 놓을 수 없나니 이 기초는 예수 그리스도시라. 이제 누구든지 이 기초 위에 금이나 은이나 보석이나 나무나 짚이나 그루터기로 지으면 각 사람의 일한 것이 나타나게 되리니 그 날이 그것을 밝힐 것이라. 이는 그것이 불로써 드러나고 또 그 불은 각 사람의 일한 것이 어떤 종류인지를 시험할 것이기 때문이라. 만일 어떤 사람의 일한 것이 세운 그대로 있으면 그는 상을 받을 것이요, 만일 어떤 사람의 일한 것이 불타 버리면 그는 손해를 당하리라. 그러나 그 자신은 구원을 받게 되지만 불에 의해서인 것처럼 그렇게 되리라』(11-15절).

본문은 그리스도의 심판석에서 일어날 일을 사도 바울이 주님을 섬기는 일꾼들에게 알려주는 말씀이다. 그리스도의 심판석은 "모든 그리스도인"이 받는 심판으로서, 우리가 구원받은 이후에 자기 몸으로 주 예수 그리스도를 섬긴 것에 대해서 받는 심판이다. 『**이는 우리 모두가 반드시 그리스도의 심판석 앞에 나아가서 선이든지 악이든지 각자 자기가 행한 것에 따라, 자기 몸으로 행한 것들을 받을 것이기 때문이라**』(고후 5:10). "그리스도의 심판석"은 죄에 대한 형벌로 지옥에 가는지, 안 가는지의 여부를 판단하는 심판이 아니라, 그리스도인의 행위에 따라 상을 주시는 심판이다.

『**각 사람은 자기의 수고에 따라 자기의 상을 받을 것이라.**』(8절)라고 말한 사도 바울은 그 상이 어떤 것인지 구체적으로 설명한다. 우리의 섬김에 관해서는 그 일 뒤에 숨은 동기, 곧 마음의 의도가 시험받게 될 것인데, 일의 "양"보다는 『**어떤 종류인지**』(13절) "질"로서 심판받게 될 것이고, 『**마음의 의도들**』(고전 4:5)이 중요하게 여겨질 것이다.

① **금** : 성경에서 "금"은 하나님을 섬기는 성막의 기명들이 대부분 금으로 만

들어졌거나 금으로 입혀졌듯이 언제나 하나님의 신성을 상징한다. 금은 은이나 다른 보석들보다도 더 귀한 가치를 갖는다. 우리가 하나님께 예배를 드릴 때마다 우리는 하늘에 금을 쌓아 놓는다. 우리가 가족이나 사업, 다른 어떤 것보다도 하나님을 최우선적으로 섬기고 그분께 최고의 영광을 돌릴 때마다 우리는 하늘에 금을 쌓아 놓게 된다.

② **은** : 은은 사람의 구속의 값을 치를 때 사용되므로 구속을 상징한다(민 3:47-49). 유다 이스카리옷은 은 30개로 예수님을 팔아넘겼다(레 27:3,4). 이처럼 은은 사람의 값을 치를 때 속전으로 사용되었다(출 30:13-15). 따라서 사람의 혼을 구속하는 복음을 전파하면 은을 쌓게 된다. 구원받지 못하고 죽을 수밖에 없는 죄인들에게 예수 그리스도의 십자가를 증거하고 그들로 하여금 그리스도를 영접하게 하여 그분께서 십자가에서 흘리신 피로 지불하신 속전의 혜택을 받고 그리스도의 피의 구속에 동참케 하는 일을 하면 그 사람은 하늘에 은을 쌓게 된다.

③ **보석** : 보석은 사람을 가리킨다. 『**만군의 주가 말하노니, 내가 나의 보석들을 만드는 그 날에 그들이 나의 것이 되리라. 내가 그들을 아껴 두리니 사람이 자기를 섬기는 자기 아들을 아낌같이 하리라**』(말 3:17). 『**주 그들의 하나님께서 그 날에 그의 백성의 양무리처럼 그들을 구원하시리니, 이는 그들이 면류관의 보석들처럼 되어 그의 땅에 깃발처럼 들어올려질 것임이라**』(슥 9:16). 마태복음에서는 "그리스도의 몸"이 진주로 불리고 있다. 『**그가 매우 값진 진주 하나를 찾아, 가서 자기의 모든 소유를 팔아 그것을 샀느니라**』(마 13:46). 진주 역시 보석이다. 따라서 보석은 복음을 전파하여 구령의 열매를 맺은 성도가 받는 보상이다. 구원받지 못한 혼들을 예수 그리스도께로 인도하여 그 혼을 이겨 오는 사람은 그때마다 보석을 하늘에 쌓게 된다.

④ **나무, 짚, 그루터기** : "나무"는 살아 있는 나무(tree)가 아니라 이미 죽어서 목재가 되어 버린 나무(wood)를 의미한다. 풀이 말라 죽은 "짚"도 마찬가지다

(dead grass). “그루터기”는 밀 같은 것을 베어 버리고 남은 죽은 밑동을 말한다. 이 역시 죽은 것이다. “나무,” “짚,” “그루터기”는 모두 다 죽어서 하찮게 된 것들이다. 이 점에 관해서는 히브리서 9장을 참고할 필요가 있다. 『**황소와 염소의 피와 암송아지의 재도 불결한 자들에게 뿌려 그 육체를 정결케 함으로써 거룩하게 한다면, 하물며 영원하신 성령을 통하여 흠 없는 자신을 하나님께 드린 그리스도의 피가 어찌 죽은 행실에서 너희 양심을 정결케 하여 살아 계신 하나님을 섬기게 하지 못하겠느냐?**』(히 9:13,14) 그리스도의 피는 우리의 죽은 행실에서 우리의 양심을 정결케 하여 살아 계신 하나님을 섬길 수 있도록 한다. 우리가 구원을 받고 그리스도인이 되는 순간 우리의 육신을 주님의 십자가에 함께 못 박아 버렸기 때문에 우리의 육신은 이미 죽은 것이나 마찬가지다. 그런데 어떤 그리스도인들은 자기 육신을 포기하지 못한다. “시체를 업고 다니는 사람들”인 것이다. 그리스도인이 자신을 위하여 일하고 자신을 위하여 살아가는 것은 “죽은 자”를 위해 일하고 살아가는 것이 된다. 그러한 섬김은 나무나 짚, 그루터기로 드러나게 되며, 그런 사람들은 그들의 공적을 불로 시험해 보면 모두 불타 없어지고 구원만 간신히 소유하게 된다(고전 3:15). 따라서 우리는 성경의 경고에 경청해야 한다. 『**그가 모든 사람을 위하여 죽으신 것은 산 자들이 이제부터는 더 이상 자신들을 위하여 살지 않고 자기들을 위하여 죽었다가 다시 살아나신 그분을 위하여 살게 하려는 것이라**』(고후 5:15).

■ 새롭게 깨달았거나 적용할 내용이 있다면 적어 보세요. ■

"하나님의 성전"으로 거룩하게 섬기라

『너희가 하나님의 성전인 것과 하나님의 영께서 너희 안에 거하시는 것을 알지 못하느냐? 만일 누구든지 하나님의 성전을 더럽히면 하나님께서도 그 사람을 멸하시리라. 이는 하나님의 성전은 거룩하며 너희는 그 성전이기 때문이라』(16,17절).

바울이 그리스도의 심판석을 경고하는 문맥에서 『**하나님의 성전**』을 언급하는 이유는 『**하나님의 성전**』은 성도의 『**자기 몸**』이며, 그리스도의 심판석에서는 그 『**자기 몸**』으로 행한 것들을 받을 것이기 때문이다(고후 5:10). 『**자기 몸**』으로 행한 것들을 받는다면 그 몸을 어떻게 사용해야 하는가가 문제가 되는 것이다. 즉 죄로 『**하나님의 성전을 더럽히**』지 말고 그 몸을 의의 병기로 드려서(롬 6:12,13) 주님을 위해 수고해야만 "두려운" 그리스도의 심판석을 대비할 수 있다는 뜻이다. 『**이는 우리 모두가 반드시 그리스도의 심판석 앞에 나아가서 선이든지 악이든지 각자 자기가 행한 것에 따라, 자기 몸으로 행한 것들을 받을 것이기 때문이라. 그러므로 우리가 주의 두려우심을 알기 때문에 사람들에게 권유하노라**』(고후 5:10,11).

고린도전서 3장에서의 바울의 마지막 권면은 "지역 교회 내에서 사람을 자랑하는 것은(4절) 이 세상 지혜에 따른 것이다"는 것이다. 『**아무도 자신을 속이지 말라. 만일 너희 가운데 누구라도 이 세상에서 현명하다고 생각하거든 어리석은 자가 되라. 그러면 현명한 자가 되리라. 이는 이 세상 지혜가 하나님께는 어리석은 것이기 때문이라. 기록되기를 "주께서는 현명한 자들을 자신들의 꾀에 빠지게 하신다." 하였느니라. 또다시 기록되기를 "주께서는 현명한 자들의 생각을 아시는데 그들의 생각은 헛된 것이라." 하였느니라. <u>그러므로 아무도 사람들</u>**

을 자랑하지 말라. 이는 모든 것이 너희의 것이기 때문이니라. 바울이나, 아폴로나, 게바나, 세상이나, 생명이나 사망이나, 현재의 것들이나 장래의 것들이나, 모든 것이 너희의 것이요, 너희는 그리스도의 것이요, 그리스도는 하나님의 것이로다』(18-23절). 지역 교회에서 사람을 자랑하며 분열하고 분파를 이루는 것은 세상의 지혜로 꾀를 부리는 것이며 헛된 생각에 빠져 있는 것이다. 사역자들은 성도들에게 주어진 하나님의 선물이며, 모두 다 하나님의 소유인 사람들이다. 하나님께서 그 자리에 세우셔서 그를 통해 그분의 일들을 하시는 것일 뿐이다. 그러므로 사람을 자랑하지 말라. 『**그리하여 아무 육체라도 그분의 면전에서 자랑하지 못하게 되리라. 그러나 너희는 그분께로부터 나서 그리스도 예수 안에 있고 주께서는 하나님께로부터 나셔서 우리에게 지혜와 의와 거룩함과 구속이 되셨으니 기록된 바와 같이 자랑하는 자는 주를 자랑할지니라**』(고전 1:29-31).

■ 새롭게 깨달았거나 적용할 내용이 있다면 적어 보세요. ■

NOTES

제4과

하나님의 신비들을 맡은 청지기(4장)

『그러므로 사람들이 우리를 그리스도의 일꾼이며 하나님의 신비들을 맡은 청지기로 여기게 하라. 청지기에게 요청되는 것은 무엇보다도 신실한 사람으로 발견되는 것이라』(고전 4:1,2).

하나님께 칭찬받는 일꾼

우리가 하나님을 위해 일하고 섬길 때, 처음에는 주님을 진정으로 사랑하고 섬기고자 하는 순수한 마음과 동기에서 일하기 시작했다 하더라도, 중간에 마귀가 끼어들어 우리의 생각을 혼미하게 만듦으로써 모든 것을 엉망으로 만들어 버릴 수 있다는 사실을 유념해야 한다. **<u>따라서 그리스도의 심판석에서 자칫 낭패를 보지 않으려면, 무슨 일을 하든지 그것이 과연 하나님의 뜻이며 하나님께서 기뻐하시는 올바른 일인가를 놓고 지속적으로 하나님께 기도를 드리면서 물어야 한다</u>**. 우리가 그리스도의 심판석에 서는 날 하나님께서 모든 것을 불로 태우실 때, 감추어졌던 모든 동기들과 행실들이 적나라하게 드러날 것이다. 그때서야 비로소 하나님께 칭찬받는 "진정한 성도들"의 진가가 드러날 것이다. 기왕에 하나님의 일꾼과 청지기로 부름받았다면, 사람들이 아닌 하나님께 칭찬받는 일꾼이 될 수 있도록 노력해야 한다.

■ 새롭게 깨달았거나 적용할 내용이 있다면 적어 보세요. ■

그리스도의 신실한 일꾼(1-21절)

1. 사람이 아닌 하나님께 칭찬받는 일꾼(1-7절)

『그러므로 때가 이르기 전, 주께서 오시기까지는 아무것도 판단하지 말라. 주께서 어두움에 감추어진 것들에 빛을 비추시고 마음의 의도들을 나타내시리라. 그때서야 하나님께로부터 각 사람이 칭찬을 받으리라』(5절).

"그리스도의 일꾼"인 "청지기"에게 요청되는 것은 "**신실한 사람으로 발견되는 것**"인데(1,2절), **청지기의 신실함의 여부는 "인간의 판단"에 의해 결정되지 않는다**. 인간의 판단은 지극히 인간적이고 불완전하기 때문에, 바울 자신도 스스로를 판단하지 않는다고 말했다(3,4절). 우리를 판단하시는 분은 "주 하나님"이시므로(4절), 때가 이르기 전, 곧 주님께서 오셔서 어두움에 감추어진 것들에 빛을 비추시고 마음의 의도들을 나타내시기 전까지는 아무것도 판단해서는 안 된다. 하나님께서 판단하실 때 그 모든 것들이 드러날 것이고, 『**그때서야 하나님께로부터 각 사람이 칭찬을**』(5절) 받게 될 것이다.

모든 것을 판단하시는 주 하나님께로부터 받는 칭찬이 너무나 중요하기 때문에, 우리 스스로 '어떤 사람이 다른 사람보다 더 낫다거나 혹은 반대로 못하다'고 생각해서는 안 된다(6절). **그러한 생각은 오직 "교만에서만" 비롯될 뿐이며, 그 결과 시기와 다툼과 분열이 일어나는 것이다**. 하나님께서는 우리를 그렇게 구별하신 적이 없으며, 더군다나 우리가 하나님께로부터 받지 않은 것은 아무것도 없다(7절). 마치 우리가 주님으로부터 받지 않은 사람처럼 자기 힘으로 이 모든 것을 노력해서 얻은 양 자랑해서는 결코 안 된다. 『**하늘에서 주신**

것이 아니면 사람은 아무것도 받을 수 없느니라』(요 3:27). 우리 스스로의 힘으로 현재 가진 모든 것들을 이루었다고 말하는 순간, 그 사람의 신앙은 틈이 생기고 모래성처럼 무너지기 시작한다. 따라서 우리가 해야 할 유일한 고백은 이것 하나뿐이다. 『**그러나 하나님의 은혜로 지금의 내가 되었고 또 내게 주신 그분의 은혜가 헛되지 아니하여 그들 모두보다 내가 더 많이 수고하였으나 그것은 내가 아니요, 나와 함께하신 하나님의 은혜로다**』(고전 15:10).

2. 예수 그리스도를 위해 고난을 받는 진정한 일꾼(8-14절)

『지금 이 시간까지도 우리는 주리고 목마르며 헐벗고 매 맞으며 정처가 없고 우리 손으로 일함으로써 수고하며 욕을 먹으면 축복하고 박해를 받아도 참으며 비방을 받으나 권면하고, 세상의 쓰레기같이 되며 지금까지 만물의 찌꺼기가 되었도다』(11-13절).

"진정한 일꾼"은 현 시대에 "왕들처럼 통치하는 자들"이 아니며(8절), "하나님께서 죽이기로 정해 놓으신 자들"처럼(9절) "순교자적인 삶"을 사는 사람이다. 이에 사도들은 "세상과 천사들과 사람들의 구경거리"가 되었다(9절).

"진정한 일꾼"은 세상이 보기에 예수 그리스도를 위해 어리석고 약하며 비천하게 된 사람이다(10절).

"진정한 일꾼"은 주리고 목마르며, 헐벗고 매 맞으며, 정처가 없는 사람임에도 불구하고(11절), 부지런히 복음을 전파하고 하나님의 말씀에 순종하는 삶을 살아가는 "무서운 능력"을 지닌 사람이다(cf. 고후 13:4). 이런 능력은 "하나님을 향한 온전한 신뢰와 믿음"에서 비롯된다(고후 1:8-10).

"진정한 일꾼"은 이런 믿음 속에서 헌신적으로 수고하고 일한다. 사람들로부터 욕을 먹고 박해를 받아도 그들을 축복하고 고난을 참아 낸다(12절). 비방을 받아도 인내로 권면하고, 심지어 세상의 쓰레기, 곧 만물의 찌꺼기가 되는 것까지도 감수한다(13절). **이런 것들이야말로 하나님의 진정한 일꾼임을 보여 주는 진정한 표들이다.** **『이제부터는 아무도 나를 괴롭게 하지 말라. 나는 내 몸에 주 예수의 표들을 지녔느니라』**(갈 6:17). **『오히려 모든 일에서 우리 스스로가 하나님의 일꾼들임을 입증하기를, 많은 인내와 환난과 궁핍과 곤란과 매맞음과 갇힘과 소요와 수고와 깨어 있음과 금식에서 그리하였으며』**(고후 6:4,5).

『내가 이런 것을 쓰는 것은 너희를 부끄럽게 하려는 것이 아니요, 다만 나의 사랑하는 아들들같이 너희를 훈계하려는 것이라』(14절). 바울은 고린도 교회 성도들을 부끄럽게 할 의도가 없었다. 다만 그들에게 사랑하는 아들들에게 하듯이 값진 훈계를 하고 있을 뿐이다. 그러나 바울의 이러한 서신을 읽고도 자신을 부끄럽게 여길 줄 모르는 그리스도인이 있다면, 그는 자기 자신을 깊이 성찰해야 한다. "나는 그리스도를 위해 고난을 받는 진정한 일꾼인가?"

3. 신실한 바울을 따르는 신실한 일꾼(15-21절)

『이는 너희가 그리스도 안에서 일만 명의 스승을 가졌을지라도 아비들은 많지 아니하니 그리스도 예수 안에서 복음을 통하여 내가 너희를 낳았음이라. 그러므로 내가 너희에게 권고하노니 너희는 나를 따르는 자들이 되라』(15,16절).

신실한 청지기였던 사도 바울을 온전히 따르는 일꾼이 되어야 한다(16절, 고전 11:1). 특히 죄인 한 사람을 예수 그리스도께로 이겨오기 위해 "산고를 치르는 고통"(갈 4:19)으로 눈물의 씨앗을 뿌리고(시 126:5), 사랑과 관심과 노력을 가울였던 바울의 모습을 본받아야 한다. 『**그리스도 예수 안에서 복음을 통하여 내가 너희를 낳았음이라**』(15절).

바울의 사랑하는 아들 "디모데"는 그를 잘 따랐던 일꾼인 반면(17절), 그가 복음을 통해 낳은 또 다른 부류의 자녀들, 곧 "고린도 교회"는(15절) 교만한 상태에서(18,19절) 온갖 문제를 일으키고 있었다. 이에 바울은 당장에라도 달려가서 그들의 잘못된 부분을 바로잡고 싶은 심정이었다. 『**너희가 무엇을 원하느냐? 내가 매를 가지고 너희에게 나아가랴? 아니면 사랑과 온유의 영으로 나아가랴?**』(21절)

하나님의 능력은 믿음에 토대한 그리스도인의 실천적인 삶을 통해 성령 하나님의 역사하심으로 나타난다. 그리스도인의 실천적인 삶은 하나님의 말씀의 순종의 결과이다. 믿음 없는 사람이 하나님의 말씀에 순종할 수 없다. 말씀에 순종하지 않는 사람이 그리스도인으로서의 실천적인 삶을 살 수는 없다. 그리고 실천적인 삶이 없으면 하나님의 능력도 나타나지 않는다. 하나님의 능력이 나타나지 않는다면 어떤 죄인도 하나님의 나라로 이겨올 수 없다. 그래서 하나님의 나라는 말에 있지 아니하고 능력에 있는 것이다. 『**이는 하나님의 나라는 말에 있지 아니하고 능력에 있음이라**』(20절).

■ 새롭게 깨달았거나 적용할 내용이 있다면 적어 보세요. ■

NOTES

NOTES

제5과
지역 교회 안에서 일어난 음행과 징계(5장)

『너희 가운데 음행이 있다는 것은 다 알려진 바로되 즉 어떤 자가 자기 아버지의 아내를 취하였다는 것이니 그러한 음행은 이방인들 가운데도 없는 일이라』(고전 5:1).

내가 거룩하니, 너희도 거룩하라.

사도 바울은 고린도에 사는 이방인들을 복음으로 낳은 장본인으로 그들의 "영적 아버지"이다(고전 4:15). 그런 그가 『**그리스도 예수 안에서 거룩하여지고 성도들로 부르심을 받은**』(고전 1:2) 고린도 교회의 성도들에게 편지를 쓴 것은 교회 안에 분열이 일어났고, 은사를 자랑하며 교만해져 있으며, 무엇보다 여러 가지 부도덕한 행위들로 인해 교회가 죄악의 냄새로 진동했기 때문이다. 하나님께서 신약 교회의 성도들에게 요구하시는 것은 무엇보다 모든 형태의 죄와 부도덕으로부터의 "성별"(聖別, separation)이다. 『**하나님의 뜻은 이것이니, 곧 너희의 거룩함이니라. 너희는 음행을 삼가고 너희 각자가 거룩함과 존귀함으로 어떻게 자기 자신의 그릇을 소유하는가를 알며**』(살전 4:3,4). 하지만 거듭나지 않은 오늘날의 소위 "교양인"들은 하나님께서 금지하신 "음행"(fornication)을 "혼전 성관계"라는 말로 포장하고, "간음"(adultery)을 "혼외정사"라는 그럴듯한 표현으로 바꾸었으며, 심지어 "강간"(ravish)이라는 극악한 성적 악행을 "성폭행"이라는 말로 약화시켰다. 이러한 성적 타락의 시대를 살고 있는 우리 그리스도인들에게 고린도 교회 안으로 밀려든 성적 타락의 물결은 다시금 경종을 울리고 있다. 그런데도 거룩해야 할 성도들의 행실이 오히려 믿지 않는 자들이나 제도화된 교회들보다 못하다면 그 사람은 간증과 상급을 모두 잃게 될 것이다. 그러므로 우리의 거룩함은 선택 조건이 아니라, 하나님의 뜻임을 반드시 기억해야 한다.

육신적인 교회의 성적 타락

1. "자기 아버지의 아내"를 취한 음행

『너희 가운데 음행이 있다는 것은 다 알려진 바로되 즉 어떤 자가 자기 아버지의 아내를 취하였다는 것이니 그러한 음행은 이방인들 가운데도 없는 일이라』(고전 5:1).

성경에서 "음행"(fornication)은 부정한 성관계를 갖는 "행위"를 지칭하는 반면, "간음"(adultery)은 행위뿐 아니라 음욕을 품고 바라보는 것만으로도 이미 행한 것으로 간주하고 있다. 『**음욕을 품고 여자를 바라보는 자는 누구나 그의 마음으로 그녀와 더불어 이미 간음하였느니라**』(마 5:28). 이러한 성적 타락은 어제오늘만의 일은 아니다. 더욱이 아버지의 아내를 성적으로 범하는 일은 이미 구약 시대에서부터 있어 왔다. 율법 이전에는 야곱의 장자 "르우벤"이 아버지의 첩인 "빌하"를 범했으며(창 35:22), 율법 하에서는 다윗의 아들 "압살롬"이 다윗의 첩들에게 그렇게 행했다(삼하 16:22). 하나님께서는 인간의 그러한 타락상을 알고 계셨기에, 『**"자기 아비의 아내와 동침하는 자는 저주를 받으리니, 이는 그가 자기 아비의 치맛자락을 들추었음이라." 할 것이요, 모든 백성은 말하기를 "아멘." 할지니라.**』(신 27:20)라고 미리 기록해 놓으신 것이다.

이러한 난잡한 성관계는 유대인들뿐 아니라 이방인들도 예외는 아니었는데, 특히 골리앗의 네 형제는 그에게 "아들이면서 형제"인 모호한 관계를 형성했다(삼하 21:19,22). 이방인들의 이러한 타락은 시간을 훨씬 거슬러 올라가는데, "남편이면서 아들"인 관계를 맺고 있는 "세미라미스와 님롯," "아스티롯과 탐무스," "이시스와 싸이러스"에게서 쉽게 발견할 수 있다. 이렇듯 시대와 무관하게 또한 유대인이나 이방인을 가리지 않고 누구나 자기 아비의 아내와 동침하는 성적 타락의 죄에서 자유로울 수가 없었다(롬 3:10). 심지어 하나님의 피로 값 주고 사신 신약 지역 교회 안에서 이런 일이 발생했으니 복음으로 그들을 낳았던 바울의 심경이야 오죽했겠는가! 그런데 개역성경은 여기에 한술 더해서 "계모와 구합하는 자"라는 어려운 표현을 사용함으로써 그러한 죄에 대해 고린도 교회의 회원들처럼 은근슬쩍 가리고 있다.

2. "공개적으로 드러난 음행"에 대한 고린도 교회의 태도

『그런데도 너희가 통곡하기는커녕 교만해져서 이런 행위를 한 자를 너희 가운데서 쫓아내지 아니하는도다』(고전 5:2).

"아버지의 아내를 취한 음행"이 하나님의 피로 세워진 신약 시대의 지역 교회 안에서 벌어졌다는 것은 입에 담기에 민망할 정도로 수치스러운 일이다. 고린도 교회 안에서 다툼이 있었다는 사실은 이미 알려졌고(고전 1:11), 게다가 이런 수치스러운 일마저 공개적으로 알려졌으니 바울에게는 참으로 기가 막힐 노릇이었다(스 9:3, 마 21:12). 그런데도 그들은 사람들을 자랑하며 교만할 뿐(고전 3:21; 4:6,7), 이 문제에 대해 쉬쉬하고 방관만 했던 것이다. 이 문제에 관해 그들은 가슴을 찢기는커녕, 오직 "육신적인 일들(영적 우월감, 분파)"에만 관심을 가졌던 것이다. 이러한 모습은 예수님 당시 유대인들이 자신들을 "아브라함의 자손"(마 3:9)이라 자랑하고, "모세의 율법"(롬 2:17)을 자랑하면서도 우상 숭배와 음행으로 타락했던 것과 매우 유사하다(렘 3:3).

이스라엘의 율법은 극심한 죄를 지은 자에 대해 돌로 쳐 죽임으로써 그들 가운데 악을 제거하고, 그것을 보고 들은 모든 이스라엘이 주를 두려워하게 함으로써 다시금 그 죄를 짓지 않도록 했다(신 21:21). 이러한 맥락에서 지금 바울은 지역 교회의 성도들 가운데서 음행을 저지른 그 자를 내쫓으라고 강하게 질책하고 있다(7,13절). 따라서 그들은 『**너희는 들으라. 그리고 귀를 기울이라. 교만하지 말라. 이는 주께서 말씀하셨음이니라.**』(렘 13:15)라는 말씀대로 교만하지 말고 하나님의 종인 바울의 명령에 귀를 기울였어야 했다.

성령 충만 vs. 교만(puffed up)

성령 충만은 "하나님의 영"으로 가득한 반면, 교만은 "허영"으로 잔뜩 부푼 것을 말한다. 『**어떤 일도 다툼이나 허영을 따라서 하지 말고 오직 생각의 겸손함으로 남을 자신들보다 존중하고**』(빌 2:3). 그러므로 성령 충만한 사람은 "하나님의 지식"으로 성도들을 세워 주는 일을 하지만, 교만한 자는 "잘못된 지식"으로 자신을 높일 뿐이다. 『**지식은 교만하게 하지만 사랑은 세워 주느니라**』(고전 8:1). 무엇보다 성령 충만한 사람은 "주"를 자랑하지만, 교만한 사람은 "자기"를 드러내며 교회 내에서도 으뜸이기를 바란다(요삼 1:9).

3. 음행에 대한 바울의 "성경적 판단"

『내가 참으로 몸으로는 떠나 있으나 영으로는 함께 있어서 이런 행위를 한 그 자를 내가 마치 거기에 있는 것처럼 이미 판단하였느니라』(고전 5:3).

바울은 자신이 세운 지역 교회에 대한 애정이 남달랐다. 때로는 육신으로 함께하지 못할 처지에 있었지만, 기도를 통해서도 늘 "영으로나 문안인사"로 그들과 함께했다(롬 1:9, 살전 1:2). 그렇기에 바울은 『**비록 육체로는 떠나 있으나 영으로는 너희와 함께 있어 기뻐하며 너희의 질서와 그리스도를 믿는 너희**

믿음의 굳건함을』 보기를 원했고(골 2:5), 『**내가 있을 때뿐만 아니라 내가 없는 지금도 더욱더 두려움과 떨림으로 너희 구원을 온전히 이루**』기를 바랐던 것이다(빌 2:12). 고린도 교회 또한 마찬가지인데, 바울은 디모데를 그곳으로 보내어 자신의 믿음의 길들을 따르도록 권면했던 것이다(고전 4:16,17). 하지만 그들 가운데 어떤 자들은 여전히 바울이 가지 않을 것처럼 교만해져 있었다(고전 4:18).

그런 그들에게 바울은 음행이 회중 가운데 공개적으로 발견되었는데도, 왜 지역 교회가 그런 자들을 징계를 통해 쫓아내지 않고(13절), 성별을 유지하지 않느냐며 책망하고 있다. 개별적인 죄들이야 "은밀한 것들을 심판하실" 하나님께 맡겨드려야 하지만(고전 4:5), 하나님의 이름을 모독하고(롬 2:24, 딤전 1:20; 6:1, 딛 2:5), 교회를 파괴시키는 공개적으로 드러난 죄들에 대해서는 결코 방치해서는 안 될 것을 강조하고 있다. 한편 바울은 영적인 일들은 영적으로 분별하는 것이기에(고전 2:13,14), 그들의 행위에 대해 비록 몸은 떠나 있지만 그들을 이미 영적으로 판단했다. 그리스도인은 "개인적으로"는 육신의 죄들과 타락한 삶을 청산해야 하고, "회중들 가운데서"는 타락한 자들을 내쫓음으로써 성별을 유지해야 한다. 그렇지 않으면 지역 교회는 『**새 반죽**』이 아니라, 썩은 반죽이나 회반죽이 되고 만다. 타락한 삶을 이어가는 자들을 회중 가운데 용인하는 것은 『**그리스도께서 우리를 위하여 희생**』된 목적을 오해하는 것이며, 또한 주님의 사랑을 부인하는 행위이다(7절).

그러므로 성경적 성별을 유지하기 위해 신약 지역 교회는 주님의 죽으심을 기억하는 "주의 만찬"을 정기적으로 행해야 하며, 그러한 맥락에서 바울이 신약 성도들에게 지키라고 권면한 명절은 유대인의 명절인 "유월절"이 아니라, 예수 그리스도의 죽으심을 기념하는 "주의 만찬"이다(고전 11:23-27). 그러므로 오늘날 성경대로 믿는 신약 교회 성도들이 지켜야 하는 두 가지 의식은 "침례식"과 "주의 만찬"뿐이다.

성경적 징계의 목적과 방법

『그러한 자를 사탄에게 넘겨주어 그 육신은 멸망케 하여도 그 영은 주 예수의 날에 구원받게 하려 함이라. 너희의 자랑하는 것이 좋지 아니하도다. 너희는 적은 누룩이 온 반죽을 부풀게 하는 것인 줄 알지 못하느냐? 그러므로 묵은 누룩은 떼어내 버리라』(고전 5:5-7).

1. 교회 내의 성별을 유지하라.

"악행을 일삼는 사람(누룩을 퍼뜨리는 자)"을 지역 교회에서 출회시키는 것은 교회가 성별을 유지함으로써 다른 성도들로 하여금 온전히 주님을 섬기도록 하는 최상의 조치이다. 그러므로 누구든지 주의 말씀을 거슬러 지역 교회 내에서 제멋대로 악을 행하는 『**악하고 가증한 누룩**』으로 발견한다면, 교회는 반드시 그런 누룩을 떼어내 버려야 한다. 그래야 그 지역 교회가 주님 앞에 『**누룩을 넣지 않은 새 반죽**』, 곧 순수한 교회로 발견되는 것이다(7절). 하지만 오늘날 인본주의자들과 위선자들은 교회뿐 아니라 세상 곳곳에서 사랑이라는 미명하에 모든 죄들을 용서하려는 경향을 보이고 있다.

본문 5절에서 『**그러한 자**』(5절)는 구원받았으나 교회 내에서 악행을 저지른 거듭난 성도를 말한다. 따라서 그를 "사탄에게 넘겨주는 것"은 더 이상 계속해서 그러한 악행을 일삼지 않도록 "그를 위해 기도하지 않겠다는 것"을 뜻한다. 다시 말해 『**나의 기도에 쉬지 않고 항상 너희를 말하며**』(롬 1:9)라고 했던 바울이 더 이상은 그를 위해 중보기도를 하지 않음으로써 이 세상의 신인 마귀에게 그를 "내버려 두겠다"(Let them alone, 마 15:14)는 의미이다. 이것은 무리에서 제멋대로 이탈하려는 임팔라를 사자의 먹잇감이 되도록 그대로 두는 것과 마찬가지이다. 그 같은 악행을 저지른 자의 혼은 구원받아 결코 지옥에 가지는 않지만, 그의 육신은 이 땅에서 오래 살지 못하고 죽음을 맞을 수 있다는 것을 명심해야 한다(벧전 5:8, 고전 11:30, 롬 8:13, 요일 5:16).

2. 성도들로 온전히 섬기게 하라.

『**그러한 자**』를 사탄에게 넘겨주는 것은 주님의 이름이 더 이상 모독을 당하지 않도록 하는 최상의 방편이며, 또한 이를 지켜본 주변 성도들이 하나님을 두려워함으로써 온전히 주님을 섬기도록 하는 데 그 목적이 있다. 『**그들 가운데 후메내오와 알렉산더가 있는데 내가 그들을 사탄에게 내어준 것은, 그들로 하나님을 모독하지 못하도록 배우게 하려는 것이라**』(딤전 1:20). 하나님께서 거듭난 성도들의 영을 그리스도 예수 안에서 천상에 함께 앉히셨지만(엡 2:6), 죄악으로 인해 마귀에게 정복당한 그의 영은 "마귀 들린," 곧 그의 영이 마귀에게 "점유"(possession)되는 것이다(벧후 2:19).

따라서 살인자요 파괴자인 마귀가 성도들의 구원받은 "혼"을 제외한 모든 것을 점령할 수 있다는 사실을 잊어서는 안 된다. 그러므로 성도들은 하나님께 복종함으로써 마귀를 대적하고(약 4:7), 결코 그에게 틈을 주지 않는 것이 최선의 방어책임을 깨달아야 한다(엡 4:27). 『**이는 우리가 육신 안에서 행하지만 육신을 따라 싸우지는 아니함이니 (우리의 전쟁 무기는 육신적인 것이 아니요, 오직 하나님을 통하여 견고한 요새들을 무너뜨리는 능력이라.)**』(고후 10:3,4). 그런데도 고린도 교회 성도들은 이 점을 깨닫지 못한 채 여전히 자랑만 늘어놓고 있다. 바울은 그런 육신적인 고린도 교회의 회원들에게 성경적 판단에 근거해서 그들의 유익을 위해 권면하고 있다. 『**내가 이것을 말함은 너희 자신의 유익을 위함이요, 너희에게 올무를 씌우려는 것이 아니니 합당히 처신하여 마음에 흐트러짐이 없이 주를 섬기게 하려 함이라**』(고전 7:35).

3. 사탄이 유익을 취하지 못하게 하라.

마귀의 목표는 성도들이 하나님을 섬기지 못하게 하려는 데 있다. 그러므로 공개적인 죄악으로 인해 징계를 당한 성도는 비록 징계가 당시에 슬픈 것일 수 있지만, 『**하나님의 뜻대로 하는 슬픔**』(고후 7:10)을 통해 회개함으로써 다시금 하나님께로 온전히 나아갈 수 있는 기회로 삼아야 한다. 이를 위해 지역 교회는 결코 개인적인 감정에 따라 죄지은 성도를 교회에서 내쫓아서는 안 되며, 반드시 회복을 전제로 출회를 결정해야 한다. 만일 그가 참회하고 돌아서면, 교회는 반드시 용서하고 그를 받아들여야 한다. 『**너희가 누구에게 무엇을 용서하면 나도 그리하고 만일 내가 무엇을 용서했다면 그것은 너희를 위하여 내가 그리스도를 대신하여 용서한 것이라. 사탄이 우리에게서 유익을 취하지 못하게 하려는 것이니 이는 우리가 그의 계략을 모르지 않음이라**』(고후 2:10,11).

지역 교회는 드러난 공개적인 죄에 대해서는 책망하고, 그가 회개했으면 용서하되, 그를 향한 사랑으로 반드시 위로해야 한다. 『**그런 사람은 다수에 의하여 책망받는 것으로 충분하니 그러므로 너희는 오히려 그 반대로 그런 사람을 용서하고 위로하여야 하리니 그래야 아마 그가 더 심한 슬픔에 빠지지 아니하게 되리라. 이 때문에 내가 너희에게 권고하노니 너희는 그를 향한 너희의 사랑을 확인하라**』(고후 2:5-8). 다시 말해 그가 자신의 죽은 행실에서 돌이켜 하나님을 온전히 섬길 수 있도록 길을 열어 줘야 한다(히 9:14).

■ 새롭게 깨달았거나 적용할 내용이 있다면 적어 보세요. ■

"형제"라고 하는 어떤 자

『그러나 이제 내가 너희에게 쓰는 것은 만일 형제라고 하는 어떤 자가 음행을 하는 자거나 탐욕하는 자거나 우상 숭배하는 자거나 욕설하는 자거나 술 취하는 자거나 약탈하는 자이거든 사귀지도 말고 그런 자와는 함께 먹지도 말라는 것이라』(고전 5:11).

바울은 비록 고린도 교회 성도들과 육체로는 떨어져 있지만 그들과 영으로 함께 하고자 했다. 그런데 그들은 바울의 권면을 저버린 채 오히려 음행하는 자들을 용납하고, 그들과 함께하고 있었으니 개탄스러운 일이다. 그리스도인들이 세상 죄인들에게 다가가는 것은 그들과 동화되어 죄들 가운데서 허우적거리라는 것이 아니라, 오히려 그들에게 복음을 전파함으로써 구원받게 하고, 나아가 성도들과의 교제 가운데로 그들을 불러내는 데 그 목적이 있다. 바울이 사귀지 말라고 언급한 첫 번째 대상은 ❶ 『**음행하는 자들**』이다(9절). 그들과 사귀지 말라는 바울의 명령의 본질은 그들과 전혀 함께하지 말라는 뜻이 아닌데, 만일 그렇게 하려면 지구를 떠나야 한다는 말이 되기 때문이다(10절). 그러므로 12절의 『**밖에 있는 자들**』이란 세상의 구원받지 못한 죄인들을 말한 것으로, 그들에게는 10절에서 열거된 도덕적 문제보다는 오히려 구원이 더 시급한 문제이다. 따라서 복음을 거부한 "밖에 있는 자들"에 대한 판단은 오롯이 하나님의 몫이다. 『**그러나 두려워하는 자들과 믿지 아니하는 자들과 가증스런 자들과 살인자들과 음행하는 자들과 마술하는 자들과 우상 숭배하는 자들과 모든 거짓말하는 자들은 불과 유황이 타는 못에 참여하리니 이것이 둘째 사망이라." 고 하시더라**』(계 21:8).

반면에 『**안에 있는 사람들**』이란 구원받은 지역 교회의 회중을 말한다. 이들 가운데 어떤 사람이 "밖에 있는 자들"과 같은 죄악들을 자행한다면 결코 상관하지 않을 수 없다. 그리스도인이라면 이들에 대해 반드시 "판단"해야 할 것을 명령하고 계신다. 그 악한 사람의 행실에 대한 판단의 결과는 바로 "너희 가운데서 쫓아내라"는 것이다. 그렇다면 반대로 대다수가 그렇게 악을 행하고 있다면 어떻게 할 것인가? 성경은 『**이제 형제들아, 내가 너희에게 권고하노니 너희가 배운 교리에 역행하여 분열을 일으키고 공박하는 자들을 주의하고 그들에게서 떠나라.**』(롬 16:17)라고 명하고 있다. 결론적으로 앞서 열거된 죄들을 짓는 자들이 거듭나지 못한 죄인들이라면 그들에게 복음을 전하기 위해 그들에게 다가가야 하지만, 구원받은 그리스도인 "형제"라고 하는 자가 그런 짓을 한다면 그리스도의 사랑으로 용서해야 하는 것이 아니라 그와 사귀지도 말고 함께 먹지도 말라는 것이 성경적 권면이다.

이제 지역 교회 내에서 음행하는 자들에 대한 성경적 권면이 그들과 사귀지도 말고 쫓아내야 하는 것이라면, 교회 내의 ❷ 『**탐욕하는 자들**』에 대해서는 어떻게 해야 하는가? 성경은 『**먹을 것과 입을 것이 있으면 이것들로 만족할 것이니라.**』(딤전 6:8)라고 말씀하고 있다. 하지만 과연 실상이 그러한가? 이것을 원칙대로 모든 사람들에게 적용한다면 교회에 남아 있을 사람이 아마 거의 없을 것이다. 이 세상 어디를 뒤져봐도 바울이 제시한 그러한 신약 교회의 원칙을 완벽하게 지키는 교회는 없다. 그렇다고 모든 죄들을 용납하라는 것인가? 결코 그렇지 않다. 다만 탐욕스러운 성도가 자신의 탐심으로 인해 다른 성도들의 믿음과 신뢰를 무너뜨리고 심지어 지역 교회 안에서 분란을 일으키고 있다면 그를 반드시 내쫓아야 한다. 그러므로 "탐심은 우상 숭배(골 3:5)"라는 말씀에 귀를 기울임으로써 많은 슬픔으로 자신을 찌르는 것은 피해야 한다(딤전 6:10). 이 모든 것이 성도들로 하여금 하나님의 뜻 안에서 온전히 섬기게 하려는 것이다. 『**너희 가운데 한 사람이요, 그리스도의 종인 에파프라가 너희에게 문안하노라. 그는 항상 너희를 위하여 열렬히 기도하니 이는 너희가 하나님의**

모든 뜻 안에서 완전하고 온전하게 서도록 하기 위함이라』(골 4:12).

이제 교회 내의 ❸ 『**약탈하는 자**』는 어떤가? "약탈"이란 협박과 강제로 남의 재물을 빼앗는 것을 말하는데, 지역 교회에서 잘 섬기는 성도들을 데리고 또 다른 교회를 세우려고 그들을 선동하는 삯꾼 목자들 또한 이 부류에 속한다(마 7:15). 오늘날 종교지도자라고 하는 약탈자들이 말라기 3:8,9의 말씀을 겁박하는 도구로 사용하며, 갖가지 명목으로 교인들에게서 돈을 갈취하고 있다. 그러나 성경은 이렇게 말씀하고 있다. 『**각 사람은 미리 마음속에 정한 대로 할 것이요, 인색함이나 억지로는 하지 말아야 하리니 이는 하나님께서는 기쁨으로 드리는 자를 사랑하심이니라**』(고후 9:7). 마지막으로 ❹ 『**욕설하는 자**』는 고함지르고 삿대질하는 것뿐 아니라, 영적 지도자의 권위에 대항하며 상대 그리스도인을 놀려 대는 것까지 포함한다.

그러므로 형제라고 하면서 나열된 이러한 모든 악을 행하는 사람들이 지역 교회 내에서 발견된다면, 그 즉시로 쫓아내야 하고 이를 두려워해서는 안 된다. 『**그러므로 참으로 사랑하는 자들아, 우리가 이러한 약속들을 가졌으니 하나님을 두려워함으로 거룩함을 온전히 이루어 육과 영의 모든 더러움에서 우리 자신을 깨끗하게 하자**』(고후 7:1).

■ 새롭게 깨달았거나 적용할 내용이 있다면 적어 보세요. ■

NOTES

NOTES

제6과

하나님의 나라를 상속받지 못하는 성도들

『불의한 자는 하나님의 나라를 상속 받지 못한다는 것을 너희가 알지 못하느냐?』(고전 6:9)

교회 안의 불의한 자들을 향한 바울의 권면

사도 바울은 앞선 5장에서 지역 교회 안에서 공개적으로 드러난 죄들에 대해 성도들이 마땅히 판단하고, 그에 대한 징계를 통해 성경적 성별을 이루어야 함을 강조했다. 『**밖에 있는 자들을 판단하는 것이야 내게 무슨 상관이 있으리요마는 안에 있는 사람들이야 너희가 판단하지 아니하겠느냐? 밖에 있는 자들은 하나님께서 판단하시나니 그러한 악한 사람은 너희 가운데서 쫓아내라**』(고전 5:12,13). 이제 거듭난 성도들은 성령께서 들어와 그 안에 거하시므로 하나님과 합하여 "한 영"이 되었고, 또한 주님과 "한 몸"을 이루었기에 그 몸에 더럽고 가증한 죄를 지어서는 안 된다. 비록 전에는 부정과 불법의 종으로 자신을 내어주어 불법에 이르렀지만, 이제는 자신을 의의 종으로 드려 거룩함에 이르라는 것이다(롬 6:19). 그런데 바울은 고린도 성도들이 지체들 사이에서 일어난 문제의 시시비비를 가리고자 불의한 자들, 곧 믿지 않는 자들에게 그 판단을 내맡기는 것을 알게 된다. 즉 형제라고 하는 자들이 다른 형제에게 불의를 행하고, 형제를 속이며, 서로의 문제를 세상 법정으로 가져간 개탄스러운 사건이다. 그래서 바울은 차라리 불의를 당하고, 속임을 당하는 편이 낫지 아니하냐며 반문했다. 지체들을 속이고, 그들에게 불의를 행하며, 마귀의 종처럼 살면서 어찌 하나님의 나라를 상속받을 수 있겠느냐는 것이다. 그러므로 "값을 치르고 산 너희의 몸과 영으로 하나님께 영광을 돌리라"며 교회 안의 불의한 자들을 향해 외치고 있다.

고린도 교회 성도들의 영적 수준

1. "불의한 자들"에게 내맡겨진 성도들의 특권

『너희 중에 누가 다른 사람에 대하여 문제가 생겼을 때 불의한 자들 앞에서 재판을 받으려 하고 성도들 앞에서는 하지 아니하느냐? 너희는 성도들이 세상을 심판하리라는 것을 알지 못하느냐? 세상이 너희에게 심판을 받을진대 너희가 지극히 작은 일들을 심판할 역량도 없느냐? 너희는 우리가 천사들을 심판하리라는 것을 알지 못하느냐? 하물며 이생에 관한 일들이랴?』(고전 6:1-3)

예수 그리스도의 보혈로 거듭난 성도들과 구원받지 않은 세상 사람들의 사고방식이나 행동양식에 있어서는 그 어떤 공통점도 없다. 그런데 고린도 교회의 성도라는 자들이 여느 세상 사람들처럼 지역 교회 안에서 발생한 문제를 세상의 법정으로 가져가서 그 문제를 판단을 받으려고 했다(1절). 때로는 그리스도인들도 세상 법정에 설 수밖에 없는 상황에 직면할 수도 있지만, 지역 교회의 성도들 간에 발생한 다툼만큼은 그 시시비비(是是非非)를 세상 법정이 아닌 "성도들 앞에서" 해결하는 것이 성경적 방법이다. 그래서 바울은 성도들 간에 생긴 문제에 대해 그것을 굳이 『**불의한 자들**』, 곧 『**믿지 않는 자들**』(6절) 앞으로 가져가야만 했냐며 회의 섞인 질문을 그들에게 던진 것이다.

아울러 바울은 현명하다고 자랑하는 그들에게 성도들이 "세상"을 심판하는 권세를 가졌다는 것조차 알지 못하느냐며 비아냥거리고 있는데(2절), 이 일은 천년왕국 이후 "구원받지 못한 죄인들"에 대한 심판이 준비되는 백보좌에서 이루어진다. 『**불같은 강이 흘러 그분 앞에서 나오니 수백만 명이 그분을 섬기고**

수천만 명이 그분 앞에 섰는데, 심판이 준비되었고 그 책들이 펼쳐졌더라』(단 7:10). 또한 바울은 성도들이 "천사들"도 심판할 것을 언급하고 있다(3절). 비록 지금은 천사들을 가두어 두었지만, 큰 날의 심판 때에는 그들에 대한 형이 반드시 집행될 것이다(벧후 2:4, 유 1:6).

2. "고소자 마귀"의 자리에 선 현명한(?) 자들

『너희가 이생에 관한 일들을 판단할 일이 있을 때 교회 안에서 가장 존경받지 못하는 자들을 판단하도록 세울지니라. 내가 너희를 부끄럽게 하려고 이 말을 하노라. 너희 가운데 현명한 사람이 없다는 것이 사실이냐? 자기 형제들 사이에 판단할 수 있는 사람이 정말 한 사람도 없느냐? 그래서 형제가 형제로 더불어 고소하러 가며, 그것도 믿지 않는 자들 앞에서 하느냐?』(고전 6:4-6).

고린도 교회는 사람들을 자랑하며 교만으로 가득한 곳이다(고전 3:21; 4:7; 5:2). 그런 그들에게 바울은 "현명한 자들이 많다는 교회에서 어찌 성도들 간에 일어난 문제 하나 판단할 역량이 없단 말이냐? 게다가 『**고소자**』(계 12:10) 마귀나 할 짓을 보혈로 거듭난 성도들끼리 하고 있느냐?"며 면박을 주고 있다(5, 6절). 결론적으로 바울은 한 몸을 이룬 형제에게 그처럼 불의를 행하고 속이느니 『**차라리 불의를 당하고 속임을 당하는 것이 낫지 않느냐?**』라며 반문한 것이다(7,8절). 왜냐하면 허물과 죄들 가운데 죽었던 우리를 살리신 주님 앞에서 형제끼리 서로를 물어뜯는 소송사건은 주님을 욕되게 하는 『**엄연한 허물**』이 되기 때문이다. 그래서 바울은 견딜 수 없는 그런 수치스러운 일을 당하느니, 차라리 속임을 당하고 불의한 일을 당하는 편이 낫다고 권면한 것이다.

이처럼 고린도 교회는 청개구리처럼 행동했다. 그들은 교회 내에서 발생한 극악한 음행에 대한 징계가 너무도 당연한 일임에도 판단하지 않았고(고전 5:2), 반대로 지금은 교회 내의 잘못된 행동에 관해 그 판단을 **『밖에 있는 자들』**(고전 5:12)에게 내맡기는 어이없는 행동을 보인 것이다. 그래서 바울은 "그런 문제"(2,3절)라면 차라리 **『교회 안에서 가장 존경받지 못하는 자들』**에게 판단을 받으라며 비꼰 것이다(4절). 이런 수치스러운 일에 관하여 바울은 전에 그들에게 쓴 편지의 내용과 다르게 지금은 그들을 부끄럽게 하려고 이 말을 하고 있다고 밝힌다(5절, cf. 고전 4:14). 그러나 오늘날 적지 않은 교인들이 교회 내에서 발생하는 문제들에 대해 "판단하는 것" 자체를 꺼리며 오히려 그것을 교만이라 치부해버린다. 그러나 성경은 그리스도인의 영적인 판단에 대해 분명히 말씀하고 있다(고전 2:15,16, cf. 마 7:1).

"성경적 판단"의 중요성

인생은 사실상 "판단"의 연속이다. 그런데 판단이 잘못되면 손실과 위험은 고스란히 자신의 몫이 된다. 그래서 사람들은 신중에 신중을 기하며 판단하는 것이다. 그러므로 잘못된 판단은 사고와 불행으로 이어지기에 판단에 있어서 결코 소홀할 수 없는 것이다. 특히 지역 교회 안에서 일어나는 여러 가지 영적인 문제에 대해 성도들이 판단을 미루거나 마다하려 한다면, 그것은 주어진 특권을 포기하는 것이요, 의무를 저버리는 행위이다. 그렇게 되면 그 결과는 고스란히 자신과 성도들에게 큰 손실로 돌아온다. 그러므로 성경적 판단을 잘 갖추도록 부지런히 말씀을 공부해야 할 것이다(딤후 2:15).

■ 새롭게 깨달았거나 적용할 내용이 있다면 적어 보세요. ■

속지 말고 현명한 자가 되라

1. 하나님의 나라를 상속받지 못하는 "불의한 자"

『불의한 자는 하나님의 나라를 상속받지 못한다는 것을 너희가 알지 못하느냐? 속지 말라. 음행하는 자들이나 우상 숭배하는 자들이나 간음하는 자들이나 여자처럼 행세하는 자들이나 남자 동성 연애자들이나 도둑질하는 자들이나 탐욕을 부리는 자들이나 주정뱅이들이나 욕설하는 자들이나 착취하는 자들은 하나님의 나라를 상속받지 못하리라.』(9,10절).

예수 그리스도의 보혈로 거듭나지 않은 자는 "하나님 나라"를 상속받기는커녕, 그곳에 들어가지도 못한다(요 3:5, 계 21:8). 따라서 본문 9절의 『**불의한 자**』는 엄연히 구원받은 그리스도인을 말하는 것으로, 이는 구원받았을지라도 악을 행할 수 있기 때문이다. 그러므로 주 예수 그리스도를 섬기는 성도들의 행위는 상과 유업과 관련된 것일 뿐, 결코 구원의 보장과는 무관하다. 왜냐하면 구원받은 사람은 성령의 인도하심에 따라 율법이 아닌 은혜 아래에 있기 때문이다. 『**그러나 너희가 성령의 인도하심을 받는다면 너희는 율법 아래 있지 아니하느니라**』(갈 5:18). 본문 9절과 10절에 열거된 악행들은 고린도전서 5:11에서도 언급된 『**육신의 일들**』이다(갈 5:19-21). 그러므로 육신을 따르는 사람들, 곧 『**육신 안에 있는 자들**』은 결코 하나님을 기쁘시게 할 수 없으며 결코 하나님의 나라를 상속받을 수도 없다(롬 8:5-8). 그렇다면 영적인 나라인 "하나님의 나라"를 어떻게 상속받는다는 것인가? 이것은 "하나님의 나라"에 들어간 성도들이 "하나님과 그리스도의 왕국"(엡 5:5)에서, 즉 이 땅에 실제로 세워질 "천년왕국"에서 각자의 섬김에 따라 땅을 유업으로 받게 될 것을 의미한다. 『**이는 너희가 유업의 상**

을 주께로부터 받을 줄 앎이니 너희가 주 그리스도를 섬기고 있음이라』(골 3:24). 그러므로 거듭난 성도가 말씀에 순종하지 않고 악을 행한다고 해서 구원을 잃어버리는 것은 아니지만, 하나님과 그리스도의 왕국에서는 빈털터리가 되는 것이다(엡 5:5, 갈 5:19-21). 육신적인 교회의 대명사인 고린도 교회의 성도들 가운데도 구원받기 "전에는" 『**그런 일들**』(9,10절, cf. 고전 5:11)을 행했던 사람들이 더러 있었고(롬 6:19, 엡 2:2, 골 3:7, 딤전 1:13), 우리도 또한 "한때는" 그랬었다(엡 5:8, 딛 3:3). 그러나 『**주 예수의 이름과 우리 하나님의 영으로 씻음을 받았고 거룩하게 되었으며 의롭게**』된 성도들에게는 "오늘"이라 부르는 "지금"이 중요하다. 『**오직 오늘이라고 부르는 동안 매일 서로 권면하여 너희 중 아무도 죄의 속임수에 빠져 완악하게 되는 일이 없도록 하라**』(히 3:13). 그러므로 지역 교회에 속한 성도들은 진리의 말씀으로 무장하여 죄에게 속지 않는 현명한 자가 되어야 한다. 그래서 바울은 현명하다고 자만하는 고린도 성도들에게 『**속지 말라.**』라고 경고한 것인데, 그렇지 않으면 마귀에게 속고(딤전 2:14), 자기 자신에게 속으며(고전 3:18, 갈 6:3, 약 1:22, 요일 1:8), 또한 이 세상 모든 거짓말하는 자들에게 속는다(마 10:16). 그러므로 성도들은 구원의 확신과 함께 천년왕국에서 받게 될 "유업의 상"에 대한 분명한 소망을 가지고 주와 함께 믿음의 길을 걸어야 할 것이다.

그리스도인이 죄를 지으면

❶ 하나님의 징계를 받는다(히 12:1-11).

❷ 이 땅에서의 수명이 단축될 수 있다(고전 11:30).

❸ 하나님의 나라를 상속받지 못한다(갈 5:21, 고전 6:9-10; 15:50).

※ 그러나 주 예수 그리스도의 이름과 하나님의 영으로 거룩하게 되었고, 의롭게 된 성도들은 결코 그 악한 자가 건드리지 못한다는 사실은 잊지 말라(엡 6:16).

2. 그리스도인의 "섬김"과 "자유"

『모든 것이 내게 합법적이나 모든 것이 유익한 것이 아니요, 모든 것이 내게 합법적이나 내가 어떤 권세에도 얽매이지 아니하리라』(12절).

『**합법적**』이라는 말은 합당하고 적법하다는 뜻으로 일반적으로는 좋게 여겨지는 표현이다. 하지만 그리스도인에게 이 합법적이라는 말은 "유익이나 세워주는 일"과 관련되지 않는다면 좋은 의미의 표현은 아니다(고전 10:23). 즉 그리스도 안에서 행한 일이 합법적이어도 유익하지 않을 수 있고, 또 자유롭게 행한 일이어도 오히려 그 일에 함몰되어 얽매일 수 있다. 그러므로 그리스도인은 매사에 그 일이 성도들을 세워 주는 데 유익한 것인지, 또 다른 한편으로는 그 일에 내가 지배받고 있지는 않은지를 살펴보아야 한다. 그렇게 함으로써 무익한 일에 손을 대거나, 자유롭게 행한 그 일에 오히려 종처럼 얽매이는 것을 막을 수 있다. 그리스도인에게는 어떤 것에도 얽매이지 않고 행할 수 있는 자유가 있는데(12절), 그것은 율법 아래에 있지 않고 은혜 아래에 있기 때문이다. 이것이 "그리스도인의 자유"이다(요 8:32). 하지만 자유롭게 행한 그 일이 그리스도인의 삶에 오히려 "지배적인 영향"을 미친다면, 그것이 어떤 것이든 상관없이 우상이 되어 버린다. 『**그러므로 그리스도께서 우리를 자유케 하신 그 자유 안에 굳게 서서 다시는 종의 멍에를 메지 말라**』(갈 5:1).

■ 새롭게 깨달았거나 적용할 내용이 있다면 적어 보세요. ■

3. 하나님께서 "폐하신 것"(destroy)과 "살리신 것"(raise up)

『음식은 배를 위하고 배는 음식을 위하나 하나님께서는 이것과 저것 둘 다 폐하시리라. 이제 몸은 음행을 위하지 아니하고 주를 위하며 주께서는 몸을 위하시느니라. 하나님께서는 주를 살리셨으니 그분의 능력으로 우리도 살리시리라』(13,14절).

본문에서 바울은 왜 갑작스레 "음식과 배"에 관해 언급하고 있는 것인가? 고린도전서 8장의 우상에게 바쳐진 음식을 먹는 일에 관한 설명에서 그 이유를 찾을 수 있다(고전 8:4,10,13, cf. 고전 11:20-30). 바울이 말하고자 했던 문제의 핵심은 어떤 음식을 먹고 먹지 말아야 하는 게 아니다. 육신적인 것들은 어차피 하나님께서 모두 폐하실 것이기 때문이다. 그러나 중요한 것은 성도들이 어떤 일을 하든 간에 그것이 다른 사람들을 세워 주는 유익한 것인지, 그리고 그 일에 얽매여서 억지로 하고 있는가의 여부이다. 주님은 죄인인 우리를 위해 십자가에서 몸을 내어주셨다. 그러므로 우리 몸은 음식이 아니라 주를 위해 몸을 드릴 때야 비로소 존재 가치로서 의미가 있다. 그런데 하나님의 거룩한 영께서 내주하시는 그리스도인의 몸을 어찌 음행에 내어줄 수 있겠는가(13절).

결국 하나님께서는 육신과 관련된 것은 폐하시고(13절), 그리스도를 죽은 자들로부터 살리신 그 능력으로 우리의 죽을 몸도 다시 살리실 것이다(14절, cf. 롬 8:11). 그러므로 우리를 위해 몸을 주신 주님께 자기 몸을 드림으로써 주님께 영광을 돌려드려야 한다(롬 12:1). 『**내가 그리스도와 함께 십자가에 못박혀 있으나 그럼에도 나는 살아 있노라. 그러나 내가 사는 것이 아니요, 그리스도께서 내 안에 사시는 것이라. 내가 이제 육신 안에서 사는 삶은 나를 사랑하시어 나를 위해 자신을 주신 하나님의 아들을 믿는 믿음으로 사는 것이라**』(갈 2:20).

값을 치르고 산 "성령의 전"

1. 음행을 피하라

『또한, 창녀와 합하는 자는 한 몸인 것을 너희가 알지 못하느냐? 그가 말씀하시기를 "둘이 한 몸이 되리라."고 하셨느니라. 그러나 주와 합하는 자는 한 영이니라. 음행을 피하라. 사람이 범하는 죄마다 몸 밖에 있지만 음행하는 자는 자기 몸에 죄를 짓는 것이라』(16-18절).

『둘이 한 몸이 되리라.』라는 말씀은 하나님께서 창세기 2장에서 처음 선언하신 말씀으로 남녀 간의 "결혼"을 언급한 것이다. 곧 몸과 몸의 관계에 대한 말씀으로 남자와 여자가 육신의 결합을 통해 한 몸이 되는 것을 의미한다. **『그러므로 남자가 자기 아버지와 자기 어머니를 떠나서 자기 아내와 결합하리니, 그들이 한 몸이 될 것임이니라』**(창 2:24, cf. 엡 5:31). 따라서 창녀와 합하는 것은 창녀와 한 몸이 되는 것이고, 창녀와 "결혼"한 것이 된다. 그러므로 신명기 24장에서도 이혼한 아내가 다른 사람의 아내가 되었을 때 그녀를 다시 받아들일 수 없는데, 만일 그렇게 할 때 그것은 가증한 것이라고 말씀하신다. **『그녀를 내보냈던 전 남편은 그녀가 더럽혀진 후에는 그녀를 자기 아내로 다시 취할 수 없나니, 이는 그것이 주 앞에 가증한 것이기 때문이라. 너는 주 너의 하나님께서 네게 유업으로 주시는 땅으로 죄를 짓지 않게 할지니라』**(신 24:4).

거듭난 성도의 몸은 성령께서 거하시는 장소이며(19절), 주와 합하여 "한 영"이 되었고(17절), 또한 그리스도 안에서 "한 몸"을 이루었기에 그 몸을 더럽히거나 가증한 죄를 지어서는 안 된다. 더군다나 "음행"은 어느 죄들과 달리 "한 몸을 이룬 그 몸"에 직접적인 손상을 입히는 것이어서 이혼의 정당한 사유가 된다. 『**내가 너희에게 말하노니, 누구든지 음행한 연고 외에 자기 아내를 버리고 다른 여자와 혼인하는 자는 간음하는 것이요, 또 버려진 여자와 혼인하는 자도 간음하는 것이라."고 하시더라**』(마 19:9). 이렇듯 한 몸을 제멋대로 쪼개는 "음행" 이외에 정당한 사유도 없이 이혼하는 것은 하나님께서 한 몸을 이루어 부부가 되게 하신 몸을 제멋대로 쪼개는 행위가 된다. 그러므로 창녀와 한 몸이 되는 것은 두말할 필요가 없다. 그러므로 거듭난 성도들이 세상과 일치하는 삶을 삶으로써 영적 음행을 저지르면, 그것은 육신의 음행과 전혀 다를 바 없다는 것이 하나님의 말씀이다. 따라서 그리스도의 몸 된 교회를 분열시켜 파괴하려는 자들은 그리스도의 몸에 죄를 짓는 것이므로 반드시 쫓아내야 한다(고전 5:2,13).

2. 하나님께 영광을 돌리라.

『또한, 너희 몸은 너희가 하나님으로부터 받은 바 너희 안에 계신 성령의 전인 것을 알지 못하느냐? 너희는 너희 자신의 것이 아니니라. 너희는 값을 치르고 산 것이니 그러므로 하나님의 것인 너희 몸과 너희 영으로 하나님께 영광을 돌리라』(19-20절).

거듭난 성도들 가운데는 자신이 그리스도의 몸에 속했다는 사실은 알지만, 정작 자신의 "몸"이 그리스도의 지체라는 사실은 간과하는 경우가 적지 않다. 그래서 다수의 구원받은 성도들이 자기 "몸"을 함부로 사용하고, 심지어 음행을 통해 창녀의 지체로 만드는 악행을 저지르는 것이다. 본문 19절에서 바울은 은사주의자들의 주장처럼 "방언했기 때문에, 성령께서 너희 안에 계신다"라고 말하지 않았다. 오직 주 예수 그리스도를 믿고 그분을 자신의 구주로 영접하는 순간 성령께서 그 사람의 몸 안으로 들어오셔서 그의 몸을 『**성령의 전**』으로 삼으신 것이다. 예수 그리스도의 피 값으로 구속하신 성도들의 몸은 이제 더 이상 자신의 것이 아니라, 그 소유권이 주 예수 그리스도 그분께로 옮겨졌다. 비록 우리가 한때는 마귀의 종이었으나 이제는 예수 그리스도의 종이 되었고, 게다가 죄에서 자유롭게 되어 의의 종이 되었다. 그러므로 하나님의 것인 우리의 몸으로 죄를 짓는 것은 자기 주인에게 반역을 일으킨 종의 모습과 다를 바 없는 것이다. 그러므로 『**전에는 너희가 너희 지체를 부정과 불법의 종으로 내어주어 불법에 이른 것같이 이제는 너희 지체를 의의 종으로 드려 거룩함에 이르라.**』(롬 6:19)라는 말씀을 실행함으로써 하나님을 영화롭게 해야 한다.

■ 새롭게 깨달았거나 적용할 내용이 있다면 적어 보세요. ■

NOTES

NOTES

제7과
성경적인 가정과 교회

『그러므로 기회가 닿는 대로 모든 사람에게 선을 행하되 특히 믿음의 가족들에게 할지니라』(갈 6:10).

하나님의 뜻을 수행하는 지역교회

하나님께서 지상에 세우신 "세 가지 주요 기구"가 있는데, "가정"과 "정부"와 "지역 교회"(Local Church)이다. 지역 교회는 하나님께서 그분의 직접적인 뜻을 수행하기 위해 세우신 "유일한 조직체"이기에, 지역 교회를 통해 잃어버린 혼들이 구원받고, 구원받은 성도들이 양육을 받고 성장하며, 성도들 모두 믿음의 하나 됨과 하나님의 아들을 아는 지식의 하나 됨에 도달하고 온전한 사람이 되어 "그리스도의 충만하심의 장성한 분량"에까지 이르게 된다(엡 4:13). 이 땅에 지역 교회를 세우신 하나님께서는 "지역 교회"를 중심으로 사역을 수행하신다. 거듭난 그리스도인을 향한 하나님의 뜻과 계획은 "성경대로 믿고 실행하는 신약 지역 교회"에 소속되어 올바르게 참여하고 있을 때 가장 잘 성취될 수 있다.

구원받은 성도는 아무 교회에나 나가면 안 되고, 오직 하나님께서 인정하시고 승인하시는 지역 교회에만 참여해야 한다. "**하나님께서 인정하시는 교회**"는 하나님께서 영감으로 기록하시고 섭리로 보존하신 성경을 사용하고 성경적 교리를 실행하는 교회로서 다음 "일곱 가지 특징"을 갖는다. ① 구원받은 성도들로 구성되어 있다. ② 구령하는 교회로서 거듭난 성도의 구원의 영원한 보장을 가르친다. ③ 세례가 아닌 침례를 준다. ④ 하나님께서 영감으로 기록하시고 섭리로 보존하신 바른 성경의 "절대 권위," 곧 "최종 권위"를 인정한다. ⑤ 세대적 진리를 가르친다. ⑥ 예수 그리스도의 재림을 기다리는 교회로서 "전천년주의 신앙"을 가르친다. ⑦ 교단 등에 예속되어 있지 않고 자치적으로 운영된다.

성경적인 가정의 모습

성경적인 지역 교회가 형성되기 위해서는 예수 그리스도를 믿고 구원받아 성경대로 믿고 실행하는 가정들이 모여야 한다. 역사가 시작된 이래로 인류에게 "가정"을 만들어 주신 분은 하나님이시다. 인류는 가정을 지키고 올바르게 세워야 할 책임과 의무를 다해야 하는데, 남편은 남편대로, 아내는 아내대로, 부모는 부모대로, 자녀는 자녀대로 각자가 가정 안에서 마땅히 지켜야 할 자리를 지키고 맡은 바 임무를 다해야 하는 것이다.

"가정은 아버지의 왕국이고, 어머니의 영토이며, 아이들의 보금자리이다. 가정은 안심하고 모든 것을 맡길 수 있는 공간이고, 서로 의지하고 사랑하며 사랑을 받는 곳이다"(허버트 조지 웰스).

한 가정의 가장으로서 남편인 아버지에게는 그 누구보다도 막중한 책임이 주어져 있다. 그래서 남편은 가정에서 지도력을 발휘해야 한다. **가정의 모든 문제를 주도적으로 결정하고 처리해 나가야 하며 책임감 있게 가정을 지키고 돌봐야 한다**. 하나님께서 부여하신 권위를 가지고 가정 안에서 일어나는 크고 작은 모든 일에 대해 최종적인 결정을 내리면서 가정을 올바른 방향으로 이끌어 가야 하는 것이다. 반드시 가정의 중심은 남편이 되어야 하고, 아내는 돕는 자의 위치에 서 있어야 하며, 자녀들은 순종하는 자리에 머물러 있어야 한다.

성경적으로 아름다운 가정 안에는 편안한 쉼이 있고 사랑과 행복이 있다. 온전한 가정을 통해 가족 구성원 모두가 올바르게 성장해 가며 험난한 인생을 살아갈 힘과 위로를 얻는다. "그리스도인의 가정"은 하나님의 뜻이 이 땅에서 이루어지는 공간이고, 천상의 복을 미리 맛볼 수 있는 장소이다. 물론 그것은 남편과 아내와 자녀들 모두가 성경대로 믿는 그리스도인으로서 각자의 의무를 다할 때 얻을 수 있는 복이다.

"가정을 떠나 있을 때가 가장 즐겁다고 말하는 남편이나 아내를 보면 매우 불쌍한 생각이 든다"(찰스 스펄전). "가정의 행복과 불행은 그 민족의 행복과 불행의 근원이다"(마틴 루터).

성경적인 가정을 이루기 위해서는 "주 하나님"께서 가정의 "실제적인 주인"이 되셔야 한다. 왜냐하면 그렇게 할 때 전능하신 하나님께서 그 가정을 지키시고 보호하시기 때문이다. 『**주께서 집을 짓지 아니하시면 집을 짓는 자들의 수고가 헛되며 주께서 성읍을 지키지 아니하시면 파수꾼의 깨어 있음이 허사로다**』(시 127:1). 주님께서 친히 지켜 주시고 돌보시는 가정이 되어야 하는 것이다. 그렇지 않으면 새벽같이 일어나 직장으로 출근하여 밤늦게까지 일하면서 돈도 많이 벌고 높은 자리까지 승진을 하는 등 그렇게 죽어라 열심히 수고한다 해도 그 수고의 대가로 빵을 먹는 것 자체가 헛된 일이 된다(시 127:2).

그렇다면 하나님께서 실제적인 주인이 되시는 가정은 어떤 가정인가? "하나님의 말씀"으로 다스려지는 가정이다. 『**이와 같이 너희 남편들아, 아내들을 더 연약한 그릇으로서 또 생명의 은혜를 함께 상속받을 자로서 귀히 여기되, 지식을 따라 그들과 동거하라. 이는 너희의 기도가 막히지 않게 하려 함이니라**』(벧전 3:7). 그리스도인의 가정은 "하나님의 말씀," 곧 "진리의 지식"으로 운영되고 통제되어야 한다. 부부간의 불화나 가정불화 같은 문제들은 성경으로 돌아가야 해소할 수 있다. 그래서 가족 구성원 모두 부지런히 성경을 읽고 공부하며 기도하고 구령하는 사람이 되어야 한다. 서로 간에 믿음의 행보와 삶의 가치관이 성경적 지식을 따라 일치해야 한다. 남편과 아내, 자녀들 각각이 가정 안에서 해야 할 역할과 기능에 관한 성경적 지식을 올바르게 갖추고 있어야 하는 것이다.

"하루에 두세 장 정도의 적은 분량이라도 성경을 읽는 것을 절대로 거르지 말아야 할 것이며, 어떤 중대한 일이 있다 하더라도 빠뜨리는 일이 생겨서는 안 된다. 내가 양육하는 아이들이 일찍 성경을 읽기 시작하면 할수록 그만큼 더 그들 나라의 유익한 시민이 되고 사회의 훌륭한 일원이 될 것이라고 나는 확신한다. 나는 성경을 그렇게 존경한다. 나는 여러 해 동안 1년에 한 번씩 성경을 통독했다"(존 퀸시 애덤스).

"나의 사상이나 생활 양식에서 칭찬할 만한 것이 있다면, 그것은 어렸을 때부터 성경을 사랑하는 마음을 심어 주신 부모님 덕분이다. 우리가 성경의 가르침을 따라 꾸준히 준행하면 우리나라는 번영에 번영을 지속할 것이지만, 성경의 지시와 권위를 경시하면 어떤 사람도 얼마나 급작스럽게 재앙이 우리를 삼키고 우리의 모든 영광을 잿더미로 묻어 버릴지 단언할 수 없다"(다니엘 웹스터).

하나님의 말씀으로 다스려지고 잘 통제되는 가정은 자연스레 하나님을 온전히 두려워하게 된다. 하나님께서는 그분을 온전히 두려워하는 가정을 지키시고 보호하신다. 그리스도인 부모는 솔선수범해서 하나님을 온전히 두려워해야 할 뿐만 아니라, 자녀들에게도 하나님을 두려워하는 법을 가르쳐 주어야 한다. **『백성들을 함께 내게 모으라. 내가 그들에게 내 말들을 들려 주어 그들로 세상에 사는 모든 날 동안 나를 두려워함을 배우게 하고, 또 그들로 그들의 자녀들을 가르치게 하리라』**(신 4:10). 그리스도인의 가정이 하나님의 보호하심과 복을 받을 수 있는가 없는가는 전적으로 하나님의 말씀에 대한 순종 여부에 달려 있다. 그 가정의 번영과 성공은 다른 데 있는 것이 아니라 이 한 권의 책, 곧 하나님의 말씀에 달려 있는 것이다. 가정이 직면하고 있는 영적 전쟁에서의 승리, 믿음의 경주에서의 승리, 그리스도의 심판석에서 받게 될 상급과 유업은 오직 하나님의 말씀에 순종할 때만 주어진다(수 1:8). 하나님의 말씀을 지켜 행함으로써 누리게 되는 번영과 성공은, 바로 그 당사자 개인은 물론, 가정의 번영, 지역 사회의 번영, 국가의 번영을 가져온다. 특히 교회의 번영과 열매로 이어진다.

한편 그리스도인의 가정은 가정을 다스리시는 주님 한 분만으로 만족할 수 있는 가정이 되어야 한다. 구원받은 성도들의 만족은 오직 하나님께로부터 난다(고후 3:5). 돈과 권력은 잠시 살다 가는 이 세상에서 순간의 만족은 줄지 몰라도 영원한 만족을 주지는 못한다. 인간의 욕망은 절대로 채워지지 않는다. 『**지옥과 멸망은 결코 가득 차지 않으며, 사람의 눈도 결코 만족함이 없느니라**』(잠 27:20). 그리스도인의 가정은 무언가에 욕심을 내는 사람들이 아니다. "다윗왕"은 『**나, 나는 의 가운데서 주의 얼굴을 보리니 내가 깨면 주의 모습으로 만족하리이다.**』(시 17:15)라고 고백했다. "행복한 가정의 비결"은 그 가정의 중심에 하나님께서 계신가의 여부와 성경이 그 가정의 최종권위로 정착되어 있는가의 여부에 달려 있다.

"현명한 사람은 누구인가? 모두에게서 배우는 사람이다. 강한 사람은 누구인가? 자신의 열정을 지배하는 사람이다. 부유한 사람은 누구인가? 만족하는 사람이다. 그렇다면 그런 사람은 누구인가? 아무도 없다!"(벤자민 프랭클린).

그리스도인의 가정은 강성한 교회를 세우기 위한 기반이 된다. 그리스도인의 가정들이 모여 지역 교회를 형성하기 때문에, 각 가정이 성경적으로 올바르고 강성하게 서 있어야 교회가 강성해질 수 있다. 가정의 평안은 지역 교회의 평안과 직결되고, 가정의 영적 힘은 지역 교회의 영적 힘과 직결되며, 가정의 열매는 지역 교회의 열매와 직결된다는 점을 항상 기억해야 한다.

NOTES

NOTES

제8과

결혼, 이혼, 재혼, 독신 생활에 관한 지침들(7장)

『내가 이것을 말함은 너희 자신의 유익을 위함이요, 너희에게 올무를 씌우려는 것이 아니니 합당히 처신하여 마음에 흐트러짐이 없이 주를 섬기게 하려 함이라』(고전 7:35).

결혼과 이혼의 성경적 정의

"결혼"은 "남녀 간에 몸과 몸이 결합하는 것"을 의미한다. 『**그러므로 남자가 자기 아버지와 자기 어머니를 떠나서 자기 아내와 결합하리니, 그들이 한 몸이 될 것임이니라**』(창 2:24). 남자와 여자가 결합하면 한 몸이 되는 것이다. 결혼은 단순한 "통과 의례"가 아니며, "결혼식," "약혼식," "혼인 서약," "혼인 신고" 등과 같은 단순한 "의식 절차"가 아니다. 그렇다면 "이혼"은 결혼과 반대되는 개념이므로 "몸과 몸이 분리되는 것"을 뜻한다.

결혼 생활 대 독신 생활(1-9절)

결혼한 남편과 아내는 "한 몸"이기에 반드시 서로에게 "합당한 애정"(육체관계)을 주어야 한다(1-3절). 정상적인 육체관계에 있어 "서로의 권리"를 빼앗지 말아야 하는데, 이는 자제를 하지 못한 결과 "사탄의 시험," 곧 "사탄의 유혹"에 걸려들 수 있기 때문이다(4,5절). 물론 금식과 기도를 위해 상호 합의하에 잠시 떨어져 "육체관계"를 끊을 수 있지만, 그 기간이 너무 장기화되면 안 되는 이유는, 사탄이 그 틈을 노리고 들어와 "음행의 죄"를 짓게 만들 수 있기 때문이다.

한편 결혼은 "하나님께서 결합시켜" 주시는 것이므로, 『**하나님께서 결합시켜 주신 것을 사람이 나누지**』(마 19:6, 막 10:9) 못한다. 따라서 사람이 제멋대로 자기 육신의 정욕을 따라 임의로 결합하거나 임의로 나누고 결별하여 이혼해서는 안 된다. 특히 성경은 『**창녀와 합하는 자는 한 몸**』(고전 6:16)이라고 말씀함으로써 "부도덕한 결합과 결혼"에 대해 강력하게 경고하고 있다.

그렇다면 결혼이 왜 필요한 것인가? ① 하나님을 보다 더 잘 섬길 수 있는 장을 마련해 주기 때문이다. 지역 교회가 강성해지기 위해서는 그 교회 안에 신실하게 섬기는 가정들이 많아야 한다. 신실한 가정은 신실한 교회의 기둥과 주춧이 된다. ② 죄를 짓지 않기 위해서다. 음행하지 않기 위해 결혼하는 것이다(2절). 결혼은 음행을 피할 수 있는 최선의 방법이다. 『**그러나 만일 그들이 절제할 수 없다면 혼인하게 하라. *정욕이* 불타는 것보다는 혼인하는 것이 나으니라**』(9절).

그런데 만일 어떤 성도가 성적인 욕구를 자제할 수 있어서 일생 동안 음행의 죄를 피할 자신이 있다면 굳이 결혼하지 않아도 된다. 사도 바울 역시 모든 사람이 자기와 같이 독신으로 살기를 바랐다(8절). 그러나 "혼자 산다는 것"은 "독신주의"나 "금욕주의"를 목적으로 하지 않는다. "독신주의"나 "금욕주의"는 "비성경적인 이단 교리"로서 "마귀의 교리"이다(딤전 4;3). 성경에서 "독신으로 사는 것이 좋다고 할 때"는 다음과 같은 맥락에서 말하는 것이다.

『형제들아, 내가 이것을 말하노니 때가 얼마 남지 않았으니 이제부터 아내가 있는 사람들은 없는 것같이 하며 또 우는 사람들은 울지 않는 것같이 하고 기뻐하는 사람들은 기뻐하지 않는 것같이 하며 또 물건을 사는 사람들은 소유하지 않은 것같이 하라. 그리고 이 세상을 이용하는 자들은 다 이용하지 못할 것처럼 하라. 이는 이 세상의 형체가 사라져 감이라. 그러나 나는 너희가 염려 없게 되기를 바라노라. 장가가지 아니한 사람은 주께 속한 일들을 염려하여 어떻게 주를 기쁘게 할까 하여도 장가간 사람은 세상일들을 염려하여 어떻게 하면 아내를 기쁘게 할까 함이라』(고전 7:29-33).

바울은 성도들이 모두 자기 자신처럼 "성경대로 믿는 그리스도인"이 되어 복음을 전파하고 하나님의 사역을 감당할 수 있게 되기를 바랐다. 그가 결혼하지 않고 독신으로 사는 것은 이런 목적 때문이었지, 금욕주의나 독신주의를 목적으로 한 것이 아니었다. 물론 바울처럼 독신으로 산다고 해서 무조건 훌륭한 사역자요, 무조건 신실한 성도라고 말할 수는 없다.

중요한 것은, 그 성도가 결혼을 했든지, 독신이든지 간에 마음에 흐트러짐 없이 주님을 섬기고 있는가 하는 것이고(고전 7:35), 또 각자에게 주어진 환경과 은사에 따라 어떻게 하는 것이 더 효과적으로 하나님을 섬길 수 있는가 하는 점이다(6,7절). 성도마다 "하나님께로부터 받은 은사"가 다르고 "각자가 처한 상황이나 여건"도 다를 수 있기 때문에, 반드시 독신으로 지내야 한다든지, 또는 반드시 결혼해야 한다든지 해야 할 필요는 없는 것이다. 『**나는 모든 사람이 나와 같기를 바라나 사람마다 하나님께로부터 받은 자기의 적합한 은사가 있어서 이런 사람도 있고 저런 사람도 있느니라**』(7절). 하지만 어떤 사람이 성적인 욕구를 절제할 수 없다면, 그는 혼인하는 편이 더 낫다(9절).

이혼에 관한 성경적 가르침(10-24절)

기본적으로 하나님께서는 "이혼"을 금지하셨다(10,11절). 왜냐하면 하나님께서 결합시켜 주신 것을 사람이 임의로 나눌 수 없기 때문이다. 하지만 다음 "세 가지" 경우에는 "성경적으로" 이혼이 성립된다. ① 배우자가 죽었을 때 이혼이 성립된다("사망," 롬 7:1-4). 『**아내가 자기 남편이 살아 있는 동안에는 법에 매여 있으나 남편이 죽으면 자유롭게 되어 자기가 원하는 사람과 혼인하게 되나 주 안에서만 할 것이니라**』(고전 7:39). ② 배우자가 음행(또는 간음)했을 때 이혼이 성립된다("음행"). 『**내가 너희에게 말하노니, 누구든지 음행한 연고 외에**

자기 아내를 버리고 다른 여자와 혼인하는 자는 간음하는 것이요, 또 버려진 여자와 혼인하는 자도 간음하는 것이라."고 하시더라』(마 19:9, cf. 고전 6:16). ③ **배우자가 유기했을 때 이혼이 성립된다("유기")**. 즉 믿지 않는 배우자가 자신을 버리고 도망가거나 이혼을 원할 때 이혼이 성립되는 것이다(15절). 이상 세 가지 "성경적인 이유"로 이혼이 성립될 때는 "재혼"을 해도 문제가 되지 않는다.

만일 믿지 않는 남편과 아내라 할지라도, 그 남편이나 아내가 헤어지기를 원치 않는다면, 그 남편을 떠나거나 아내를 버려서는 안 된다(12,13절). 물론 믿지 않는 배우자와 결혼 생활을 지속하는 일이 여러 면에서 힘들겠지만, 하나님께서 다른 길을 열어 주시지 않는 한 믿음과 인내와 기도로 극복해 나갈 수밖에 없다. **특히 헤어지지 않고 함께 자신과 살고자 하는 배우자를 버리거나 떠나지 않고 함께 살았을 때 얻을 수 있는 "세 가지 유익"이 있다**.

① **믿고 있는 배우자를 통해 믿지 않는 배우자와 그들 사이에 태어난 자녀들이 "거룩해질" 수 있다(14절)**. 여기에서 "거룩해진다"는 것은 "구별된다"는 의미로서 "구원"과 아무런 관련이 없다. 이것은 "믿는 배우자가 없는 가정"보다는 "믿는 배우자가 있는 가정"이 하나님께서 보시기에 "보다 더 구별된 가정"으로 여겨져서, 그만큼 그 가정 안에 속한 믿지 않는 배우자나 자녀들도 믿는 배우자와 더불어 가치를 인정받고 보호를 받을 수 있게 되는 것을 의미한다.

② **자녀들이 "깨끗하게" 된다(14절)**. 이것 역시 "구원"과 아무 관련이 없고, 오직 구원받은 남편이나 아내의 모습을 통해 상대 배우자도 깨끗한 삶을 살면 자녀들이 깨끗하게 태어난다는 것을 의미한다. 즉 믿는 배우자로 인해 그 부부는 하나님께서 허락하신 "온전한 성(性)생활"을 하게 될 것이고, 그 결과 세상에서 흔히 접하는 "간음"이나 "음행," "불륜" 등 거듭나지 않은 자들 간에 이루어지는 "불결한 성적 행위들"은 없을 것이므로, 정상적인 성생활을 통해 태어나는 자녀들은 간음, 음행, 불륜 등으로 더럽혀지지 않은 깨끗한 자녀들로 태어나는

것이다.

③ <u>믿지 않는 남편이나 아내를 "구원할 수 있는 기회"가 주어진다</u>. 『**오 아내여, 네가 네 남편을 구원할지 어찌 알겠으며, 오 남편이여, 네가 네 아내를 구원할지 어찌 알겠느냐?**』(16절) 구원받은 배우자의 신실하고 경건한 생활을 보는 가운데 그 배우자가 전한 복음과 진리를 받아들임으로써 믿지 않는 아내나 남편, 더 나아가서는 자녀들도 구원을 받거나 성경대로 믿는 사람들이 될 수 있는 것이다. 그만큼 구원받은 배우자가 있는 가정은, 특히 성경대로 믿는 배우자가 있는 가정이라면, 그렇지 않은 가정들보다 구원받지 않은 남편이나 아내가 구원받을 수 있는 기회와 성경대로 믿는 사람이 될 수 있는 가능성이 훨씬 더 커지게 된다.

한편 믿지 않는 배우자가 떠나려고 한다면, 그 배우자를 떠나게 하고 그 배우자와 헤어지라고 말씀한다. 이는 구원받은 성도들이 그런 일에 얽매여 있는 사람들이 아니기 때문이다(15절 a). 하지만 하나님께서는 성도들을 "화평으로" 부르셨다는 사실을 기억해야 한다(15절 b). "<u>화평으로 부르셨다는 말씀</u>"은 다음 "<u>세 가지</u>"로 적용해 볼 수 있다. ① 믿지 않는 배우자가 헤어지지 않겠다고 하면, 헤어지지 말고 가정을 온전히 지키는 가운데 배우자를 진리로 이겨오는 일에 더욱 힘써서 그 배우자를 하나님과 화해할 수 있는 역할을 수행하라는 의미이다. ② 믿지 않는 배우자가 헤어지려고 한다면, 그것에 연연하지 말고 헤어짐으로써 하나님 안에서 더욱 화평한 마음을 유지하라는 뜻이다. ③ 남편과 아내 모두 믿는 성도라면 헤어진다는 생각은 추호도 하지 말고, 오직 하나님 안에서 모든 갈등을 해결하고 서로 화평을 유지해 나가라는 의미이다.

이상 세 가지 중 어떤 경우에 속하든지 하나님께서 우리 모든 성도를 화평으로 부르셨다는 사실을 잊어서는 안 된다. 그래서 이어지는 문맥에서는 각자 "주님께서 부르신 환경과 상황 속에서 행하라"고 말씀하신다(17-24절). 중요한 점은, 구원받은 그리스도인으로서 하나님의 계명에 순종하고 신실하게 지키는 것이다(19절). 또한 어떻게 하든지 간에 각자에게 허락된 환경 속에서 주님을 신실하게 섬기면 된다. 다른 사람과 비교하면서 이러쿵저러쿵 말할 필요가 없다. 꼭 다른 성도가 했던 대로 섬겨야만 더 좋고 더 옳은 것은 아니다. 각자에게 주어진 환경과 은사와 부르심은 성도들마다 다르기 때문이다.

재혼 생활 대 독신 생활(25-40절)

하나님을 위한 섬김과 현재의 고난을 위해서는 혼자 지내는 것이 더 좋지만(25,26절), 그렇다고 해서 장가를 가거나 시집을 가는 것이 죄를 짓는 일은 아니다(28절). 다만 육신에 고통이 있을 뿐이다(28절). 다시 말해 결혼은 책임과 의무가 뒤따르는 일이기에 육신적으로 수고해야 하는 현실적인 고통이 수반되는 것이다.

한편 어떤 남편이 아내에게 "매여 있다면" 놓이기를 구해서는 안 되는데, 이것은 헤어지거나 이혼할 생각은 추호도 하지 말라는 의미이다(27절 a). 반면에 "놓여 있다면" 굳이 아내를 다시 얻기 위해 재혼하지 말라고 명령한다(27절 b). 물론 재혼한다고 해서 죄가 되는 것은 아니다. 다만 육신에 고통이 따를 뿐이다. 특히 때가 얼마 남지 않은 상황에서 하나님께 더욱더 헌신하는 것이 중요하다는 점을 감안하면(29-33절) 혼자 있는 것이 더 좋은 일이다(34,35절). 따라서 혼자 살고 있든, 남편이나 아내와 살고 있든, 세상일이나 집안일을 걱정하고 배우자에게만 마음을 빼앗겨 살지 말고, 신실한 그리스도인으로서 세상을 향해 복음과 진리의 말씀을 증거 하는 일에 헌신적으로 시간을 사용하면서 주님께서 다시 오실 날을 기다리며 준비해야 하는 것이다. 『**내가 이것을 말함은 너희 자신의 유익을 위함이요, 너희에게 올무를 씌우려는 것이 아니니 합당히 처신하여 마음에 흐트러짐이 없이 주를 섬기게 하려 함이라**』(35절).

『그러나 만일 어떤 사람이 자기 처녀 딸이 꽃다운 시기도 지나고 또 그렇게 할 필요가 있어서 그녀에 대해 합당치 아니하게 처신하고 있다고 생각한다면 그가 원하는 대로 해도 죄짓는 것이 아니니 그들로 혼인하게 하라. 그러나 그가 마음을 굳게 정하고 아무런 필요성도 느끼지 아니하며 자신의 의지를 관장할 수 있어서 자기 처녀 딸을 그대로 남겨 두기로 작정했어도 잘하는 일이라. 그러므로 시집보내는 자도 잘하는 것이지만 시집보내지 아니하는 자는 더 잘하는 것이니라』(36-38절).

시집을 보내든, 보내지 않든, 어떤 조치를 취한다 하더라도 죄나 문제가 될 것은 없다. 다만 "어떻게 하는 것이 그 사람을 향한 하나님의 뜻인지," "어떻게 하는 것이 그 사람이 처한 환경에서 효과적으로 하나님을 섬기게 하는 일인지" 판단하면 된다. 믿는 부모는 혼인하지 않은 딸이 독신으로 살면서 주님을 섬기려는 강한 의지가 있고 자신의 육신적인 욕망을 잘 제어하고 있다면, 그것이 하나님의 특별한 개입과 인도가 있는 것인지 살펴보면서 결혼을 강요하지 말아야 한다. 반대로 믿는 부모가 보기에 혼인하지 않은 딸이 독신에 대한 하나님의 특별하신 의도가 없고, 육신의 욕망을 제어하기 어려워한다면 순리대로 시집을 보내는 것이 성경적이다.

『아내가 자기 남편이 살아 있는 동안에는 법에 매여 있으나 남편이 죽으면 자유롭게 되어 자기가 원하는 사람과 혼인하게 되나 주 안에서만 할 것이니라. 그러나 내 판단을 따라 그녀가 그대로 사는 것이 더 행복하리라. 나도 내가 하나님의 영을 받은 줄로 생각하노라』(39,40절).

남편이 살아 있는 동안에는 아내가 법에 매여 있으나 남편이 죽으면 자유롭게 된다. **『남편이 있는 여인은 그 남편이 살아 있는 한 그에게 법으로 매여 있**

으나 남편이 죽으면 그녀는 그 남편의 법에서 벗어나느니라』(롬 7:2). 남편이 살아 있는 동안 아내가 법에 매여 있는 것은 당연한 일이다. 남편이 죽으면 그 법에서 해방되어 자유롭게 된다는 것도 상식이다. 그렇게 자유롭게 되었다면 굳이 재혼하지 말고 혼자 사는 것이 더 행복하다고 바울은 권면한다. 물론 재혼을 한다고 해도 죄를 짓는 것은 아니다. 하지만 자유롭다고 해서 다른 남자와 재혼할 때 아무렇게 해서는 안 되고 반드시 "주 안에서만" 해야 한다. 즉 자유롭게 재혼할 수 있으되 그리스도인과 재혼해야만 하는 것이다. **사실상 "초혼"이든 "재혼"이든 구원받은 그리스도인은 구원받은 그리스도인과 결혼하는 것이 성경적인 원칙이다(고후 6:14-16)**.

"바울은 독신이었고 위대한 사역자였지만, 그렇다고 바울처럼 결혼하지 않고 독신으로 산다고 해서 모든 사람들이 훌륭하게 하나님을 섬기는 것은 결코 아니다. 이 세상에는 결혼하고 처자식을 거느린 사람들이 독신으로 사는 사람들보다 더 훌륭하게 하나님을 섬기는 경우도 얼마든지 있다. 나는 이런 점에서 욥이 바울보다 더 위대했던 사람이라고 늘 생각해 왔다. 바울은 분명 위대한 사역자였지만, 독신이었는지라 『**하나님을 저주하고 죽으라.**』(욥 2:9)라고 독설을 퍼붓는 아내도 없었고, 욥처럼 비명횡사한 자녀들을 자기 손으로 땅에 묻어야 하는 엄청난 비극도 겪을 필요가 없었다. 바울은 그의 혼이 셋째 하늘로 올라가 자기 눈으로 직접 볼 수 있는 대단한 체험을 했지만, 욥에게는 그런 기회가 전혀 주어지지 않았다. 또한 바울에게는 언제라도 마음만 내키면 읽을 수 있는 서른아홉 권의 성경책이 곁에 있었지만, 욥에게는 하나님의 말씀이 담긴 단 한 권의 책도 없었다. 이렇게 볼 때 욥은 바울보다 훨씬 더 훌륭한 인물이었다.

이처럼 당신에게도 보살펴야 할 처자식이 있어서 그들을 먹여 살리느라고 바쁜 삶을 살아야 하지만, 그러면서도 주님을 신실하게 섬기며 살고 있다면, 독신으로 살면서 하나님을 섬기는 사람보다 당신이 더 훌륭하다고 자부해도 된다. 그 어떤 독신자라도 신경을 써야 하고 책임져야 할 세상일은 결혼한 사람들보다는 적기 때문에 주님을 위해 일할 수 있는 시간적, 환경적 여건이 그만큼 유리하기 마련이다"(피터 럭크만).

■ 새롭게 깨달았거나 적용할 내용이 있다면 적어 보세요. ■

NOTES

< 추 천 도 서 >

고린도전서

피터 S. 럭크만 지음 / 450쪽

25,000원(eBook 17,500원)

고린도전서는 그리스도인이 꼭 알아야 하는 심오한 진리가 담긴 책이다. 본서를 읽고 깨우친 사람들은 놀라운 조명과 명철을 얻게 된다.

영적 삶의 새로운 시작

이송오 목사 지음 / 104쪽

4,000원(eBook 2,800원)

이 책은 갓 거듭난 그리스도인들이 하나님의 말씀을 통해 건전한 교리로 양육받을 수 있게 도와준다. 특히 영적 전쟁, 고난 등 실제적인 문제들을 다루었다.

믿음의 선한 싸움을 싸우라

이송오 목사 지음 / 184쪽

7,000원(eBook 4,900원)

이 책은 그리스도인의 영적 싸움에서 가장 기초적이라 할 수 있는 영적 분별력을 갖추게 해 준다.

썩지 않을 면류관

피터 S. 럭크만 지음 / 400쪽

20,000원(eBook 14,000원)

본서는 피터 럭크만 목사의 자서전이며, 우리는 그의 인생에서 그리스도인이 겪는 영적 전쟁의 치열함을 읽게 된다.

솔로몬 성경공부 시리즈

고린도전서

제1권 육신적인 교회가 되지 말라(1-7장)

초판인쇄 2024년 5월 13일
초판발행 2024년 5월 14일
지 은 이 / 편 집 부
발 행 인 / 박 승 용
발 행 처 / 말씀보존학회
출판등록 / 제409-2022-000036호
주 소 / 서울 강서우체국 사서함 제90호
전 화 / (02) 2665 - 3743
팩 스 / (02) 2665 - 3302
인 터 넷 / www.biblemaster.co.kr